ENQUÊTES & SUSPENSE

## Aux Éditions Alain Bargain

*Dans la collection*

## *ENQUÊTES ET SUSPENSE :*

*Firmin Le Bourhis*
- La neige venait de l'Ouest *(épuisé)*
- Les Disparues de Quimperlé
- La Belle Scaëroise
- Étape à Plouay
- Lanterne rouge à Châteauneuf-du-Faou
- Coup de tabac à Morlaix
- Échec et tag à Clohars-Carnoët
- Peinture brûlante à Pontivy
- En Rade à Brest
- Drôle de chantier à Saint-Nazaire
- Poitiers, l'affaire du Parc
- Embrouilles briochines
- La Demoiselle du Guilvinec
- Jeu de quilles en Pays Guérandais
- Concarneau, affaire classée

*Françoise Le Mer*
- Colin-maillard à Ouessant
- La Lame du Tarot
- Le Faucheur du Menez-Hom
- L'Oiseau noir de Plogonnec
- Blues Bigouden *à l'Île-Chevalier*
- Les Santons de Granite rose
- Les Ombres de Morgat
- Le Mulon rouge de Guérande
- L'Ange de Groix
- Buffet froid à Pouldreuzic

*Michèle Corfdir*
- Le Crabe
- Mortel Hiver sur le Trieux
- Chasse à corps à Bréhat
- Larmes de fond ou le retour du crabe
- Vent contraire à Loguivy-de-la-Mer
- Herbes amères à Belle-Isle-en-Terre
- Il court, il court, le furet des Abers
- Fest-Noz sur le Nil

*Anne-Solen Kerbrat-Personnic*
- "Mi Amor" à Rochefort
- Jour maudit à l'Île-Tudy
- Bordeaux voit rouge

*Martine Le Pensec*
- Onde de choc sur Fermanville
- Angoisse sur Penmarc'h
- Lumière noire sur la Penfeld
- Printemps funeste à Brest
- Treizième lune à Concarneau

*Chaix d'Est-Ange*
- La filière d'Arradon
- La petite dame de Locminé
- Ratissage dans le golfe
- L'Écluse de Malestroit
- Copie conforme à Larmor-Baden
- Les Truands de Saint-Goustan
- Coup de barre à Étel
- Vilaine affaire à La Roche-Bernard
- Perfusion à Quiberon

*Gisèle Guillo*
- Dernier rendez-vous à Vannes
- Du Léman au Morbihan *(épuisé)*
- Tempête à Quiberon
- La Belle de Carnac
- Le Saigneur de Quimper
- Vol de pigeons à Arradon
- Cash-cash au Crouesty

*Serge Le Gall*
- La secte de l'Aven *(épuisé)*
- Sables mouvants à Bénodet
- La Douarneniste et le Commissaire
- Corps-mort à l'Île-de-Batz
- Traque noire à Audierne
- Fugue mortelle en RÉ
- Le moine rouge de Carantec
- La Sirène de Port Haliguen
- Coup fourré dans les Monts d'Arrée

*Christophe Chaplais*
- Pâté de Corbeau aux amandes amères
- Le calisson jusqu'à la lie
- Farz aux herbes de Portsall
- Addition salée au Croisic
- Salade russe aux noix de Grenoble
- Fourchette mortelle à Chinon

*Jean-Pierre Farines*
- Brume sur la Presqu'île
- La route de Rocamadour

*Michel Courat*
- Ça meurt sec à Locquirec
- Marée rouge à Plestin-Les-Grèves

Aux Éditions Alain Bargain

*Dans la collection*

## *ENQUÊTES ET SUSPENSE :*

*Annie Le Coz*
- Les Maudits de Kérogan *(épuisé)*
- Plumes sèches à Beg-Meil
- Quimper sonne les cloches
- "Caval" à Saint-Guénolé
- "Clap" de fin à Langolen
- Mortelle Bigoudène

*Lise Tiffanneau-Midy*
- Sortie de route en Anjou
- Vengeance sur la Corniche Angevine
- Un Justicier à Trélazé

*Simone Ansquer*
- Téviec, le Secret
- Aux tours de La Rochelle
- Grain de sable à Saint-Pierre-Quiberon

*Solenn Colléter*
- Lettres de sang sur la Côte Sauvage

*Marie-Françoise Marchal*
- Frissons en Morbihan *(épuisé)*

*Anne-Soizic Loirat*
- Lorient l'interdite

*Patrick Bent*
- Erquy profite le crime
- Le macchabée du Val-André
- Saint-Cast priez pour eux !
- Hécatombe à Saint-Malo
- Nuit noire à Dinard

*Philippe-Michel Dillies*
- Meurtres à Monnaie
- Chasse à Tours
- Train d'enfer pour Saint-Pierre-des-Corps
- Les roses noires de Chartres
- Du raisiné à Vouvray
- Partie truquée à Descartes

*Jean-Pierre Bathany*
- Camaret au Vitriol
- Double Je Nantais
- Été show à La Baule
- La Veuve Noire de Pornic
- Maudit Blues à Nantes

*Stéphane Jaffrézic*
- Chili-Concarneau
- Ville bleue et beaux dégâts
- Disparitions en Pays Fouesnantais
- Tri Yann Tro Breizh

*Jean-Pierre Le Marc*
- Matin rouge au Guilvinec
- Soirées noires à Penmarc'h
- Double vie à Loctudy *(épuisé)*
- Signes de sang à Lesconil
- L'Héritier des Trépassés

*Bernard Larhant*
- Quimper sur le gril

*Bernard David-Cavaz*
- Traboules
- La Fille de Sein

*Jacques Caouder*
- L'Occise des Landes
- L'Évadée de Brennilis
- Le Mort de Brest-Les Abers *(épuisé)*
- La Troménie noire
- Rumeurs mortelles à St-Renan *(épuisé)*

*Sylvain Pettinotti*
- Manzini ou "L'art des choix"
- Réactions en chaîne en Isère

*Christophe Gontard*
- Dernière danse en Trièves

*Bernard Morin*
- Trahison à Guerlédan

*Jean-Jacques Gourvenec*
- Chasse au congre à Lannilis
- Scénario macabre à Saint-Pabu
- Sortilèges au Conquet

*Cédric Labb*
- Les Démons du Midi
- Les Muses de Savoie

*Alex Nicol*
- Mystères en Finistère
- Ça bombarde chez les Bigoudens
- Mise en Bière à Sainte-Marine
- Le Tsar de Bénodet

*Patrice Rousseau*
- Le faussaire de Pont-l'Abbé *(épuisé)*

*Bruno Ségalotti*
- Filouteries en Côtes-d'Armor *(épuisé)*
- La Phalange de l'Argoat
- Breizh Connection *(épuisé)*

Aux Éditions Alain Bargain

*Dans la collection*
***ENQUÊTES ET SUSPENSE :***

*Yves Horeau*
- Une retraite pas très spirituelle *(épuisé)*

*Jérôme Lucereau*
- Anévrisme *(épuisé)*
- Chef-d'œuvre meurtrier à Lorient *(épuisé)*
- L'affaire Callac *(épuisé)*

*Jean-Luc Le Pache*
- Bréhat-culpa *(épuisé)*

*Michel Renouard*
- La Java des voyous *(épuisé)*
- Les castrats de Bombay *(épuisé)*
- Requiem sur le campus *(épuisé)*
- Le bouillon de minuit *(épuisé)*
- La farine du Diable *(épuisé)*
- La Vénus de Malifeu *(épuisé)*

*Luc Calvez*
- Le fils du Tigre *(épuisé)*
- Les Graffeurs du Ponant

*Philippe Lepeuple*
- Samba ni loi en pays nantais
- Poulets de Brest *La mauvaise farce* *(épuisé)*

*René Le Clech*
- Baston chez les voileux *(épuisé)*

*Jean-Christophe Pinpin*
- Qui voit Groix voit sa croix
- Qui voit Sein voit sa fin *(épuisé)*
- Qui voit Ouessant voit son sang
- Qui voit Belle-Ile voit son île *(épuisé)*
- Qui voit Molène voit sa peine
- Toulouse au bout du siècle *(épuisé)*
- Traque à Hoëdic *(épuisé)*

Aux Éditions Alain Bargain

*Dans la collection* ***POL'ART :***

*Serge Le Gall*
- Sombre dessein à Pont-Aven
- Meurtres du côté de chez Proust
- Eaux-fortes à Sainte-Marine
- Ciel rouge au Pouldu

*Loïc Gourvennec*
- Le râle du basson

*Yves Horeau*
- Monsieur Butterfly *(épuisé)*

*Renée Bonneau*
- Nature morte à Giverny *(épuisé)*
- Séquence fatale à Dinard *(épuisé)*
- Sanguine sur la Butte *(épuisé)*

*Stéphane Jaffrézic*
- Toiles de fond à Concarneau
- Le Rubis de Châteauneuf-du-Faou

# Concarneau affaire classée

DU MEME AUTEUR :

- *Quel jour sommes-nous ? La maladie d'Alzheimer jour après jour* - Avril 2008 - Éditions Chiron.
- *Rendez-vous à Pristina* - Récit de l'intervention humanitaire Novembre 2001 - Éditions Chiron.

---

Le blog de l'auteur : http://firminlebourhis.monsite.orange.fr

---

Cet ouvrage de pure fiction n'a d'autre ambition que de distraire le lecteur. Les événements relatés ainsi que les propos, les sentiments et les comportements des divers protagonistes n'ont aucun lien, ni de près ni de loin, avec la réalité et ont été imaginés de toutes pièces pour les besoins de l'intrigue. Toute ressemblance avec des personnes ou des situations existant ou ayant existé serait pure coïncidence.

---

Firmin LE BOURHIS

# Concarneau affaire classée

Collection

ENQUÊTES & SUSPENSE

Quadri Signe - Editions Alain Bargain
125, Vieille Route de Rosporden - 29000 Quimper
E-mail : editions.alain.bargain@wanadoo.fr
Site Internet : http://pagesperso-orange.fr/editions.bargain

« *Quand une femme pleure,*
*c'est comme si le soleil se voilait…* »
*Sagesse d'Afrique*
Massa Makan Diabaté - Écrivain malien.

« *Les pires ennemis d'un homme,*
*ce sont ses compatriotes.* »
*Malatesta* - Henry de Montherlant.

REMERCIEMENTS

- À mon ami, Pascal Vacher, pour ses renseignements techniques de police judiciaire.
- Au capitaine, François Lange, du Commissariat de Quimper pour toute l'approche pratique d'une affaire classée.
- À l'Office de Tourisme de Concarneau.
- Au personnel de l'hôpital et, en particulier, du centre de rééducation fonctionnelle du Porzou à Concarneau.
- À toutes les personnes avec qui j'ai échangé sur ce sujet et qui se reconnaîtront.

# I

*Lundi, 1er septembre 2008. Commissariat de Quimper.*

Ce dernier week-end d'août très ensoleillé, ultime sursaut d'un été maussade, venait de marquer la fin de la saison estivale. Ce lundi matin sonnait bien l'heure de la rentrée. L'ambiance était bon enfant dans le coin repos autour de la machine à café. Les blagues et les rires fusaient entre les équipes qui terminaient leur service et les troupes fraîches qui arrivaient.

Bouclées aussi les vacances pour le capitaine François Le Duigou et le lieutenant Phil Bozzi, tout comme pour Joël Le Traon ; chacun allait de son petit commentaire sur la presse quotidienne régionale, même si aucun événement marquant ne défrayait la chronique. Les Jeux Olympiques de Pékin paraissaient déjà si loin… La tension en Géorgie avait masqué pour un temps les préoccupations des Tibétains. Quant au président de la République française, outre sa charge, il devait assurer la présidence européenne. La rentrée scolaire, malgré les importantes réformes, notamment dans le primaire, semblait bien se présenter…

S'agissant du pouvoir d'achat et de la croissance… les politiques se cachaient derrière la crise qui faisait rage. Chute spectaculaire de la Bourse, de l'immobilier où la vente de neuf baissait tandis que la hausse du prix des loyers ne connaissait pas de répit. Bref, rien de nouveau sous le soleil pour nos OPJ qui reprenaient le collier… Le café expédié, François et Phil regagnaient leur place en souriant de la dernière blague de Joël Le Traon. Ils remarquèrent deux femmes qui attendaient, assises sur une chaise dans le couloir. L'une, malgré son port altier, devait approcher des quatre-vingts ans ; quant à l'autre, bien plus jeune mais chétive, voire maladive, il paraissait plus difficile de lui donner un âge. Les bureaux étaient encore presque tous vides, quitte à avertir un collègue, François leur demanda :

— Qui attendez-vous, Mesdames ? Vous avez rendez-vous avec quelqu'un de particulier ?

— Non, nous ne savons pas. Nous nous sommes présentées à l'accueil qui nous a dit de monter et que quelqu'un allait nous recevoir… C'était la dame la plus âgée qui venait de s'exprimer. L'autre avait relevé la tête et son regard était celui d'une femme inquiète et angoissée.

François ne cacha pas son embarras, Phil avait pris place à son bureau, ni l'un ni l'autre n'attendait de rendez-vous à cette heure. Il appela le gardien à l'accueil, ce dernier avoua qu'il n'avait pu joindre aucun OPJ, aussi avait-il demandé aux deux femmes d'attendre à l'étage :

— Elles voulaient parler au commissaire en personne car ce qu'elles ont à déclarer est grave, m'ont-elles dit, alors j'ai pensé que quelqu'un pourrait les recevoir pour prendre en compte leur demande...

— D'accord, je vois... Bon. Eh bien, je vais m'en occuper... se contenta de répondre François en raccrochant après avoir poussé un long soupir.

François annonça à Phil qu'il allait les prendre, il lui demanda d'éplucher toutes les notes et qu'il le retrouvait pour faire le point dès qu'il en aurait terminé avec ses deux visiteuses.

— Mesdames, si vous voulez bien me suivre...

La vieille dame se leva prestement, surprenant François par sa souplesse et son élégance. L'autre femme se redressa plus péniblement, elle semblait éprouver quelques difficultés à marcher, en tous les cas, son pas ne semblait guère assuré sur ses jambes très fines.

François se demanda si elle était malade ou si elle souffrait d'alcoolisme... À peine assise, la dame âgée précisa :

— Qui êtes-vous, Monsieur ? Nous avons demandé à parler au commissaire !

— Oui, oui. C'est bien ce qui m'a été dit. Monsieur le commissaire étant en rendez-vous, il m'a chargé de vous recevoir et de lui rendre compte... Je suis le capitaine François Le Duigou, voici ma carte. Je vous écoute, Mesdames…

Les deux femmes échangèrent un regard et marquèrent un long moment d'hésitation en gardant le silence. François en profita pour dégager le plateau de son bureau, poser un bloc sur son sous-main placé devant lui, tout en découvrant discrètement les deux femmes assises devant lui. Les directives semblaient émaner de la femme aux yeux bleus et aux cheveux gris, presque blancs, permanentés, dont le visage émacié était marqué par une fine toile de rides. Légèrement maquillé avec goût, il cachait admirablement le poids réel des années. Habillée de vêtements de marque parfaitement portés, elle affichait une certaine aisance physique et matérielle dans son tailleur gris léger sur un chemisier blanc immaculé. Ses fines mains serraient un réticule sur lequel brillait la broche métallique "YSL". Un doux parfum de qualité parvint aux narines de François…

L'autre femme, bien que nettement plus jeune, lui parut être une quinquagénaire dipsomane. Elle paraissait fade à côté et donnait une impression très différente par sa tenue impersonnelle, banale. Les cheveux foncés, aucun maquillage ne venait éclairer son visage décati et grave, marqué soit par un traitement médicamenteux lourd soit par un usage immodéré de l'alcool. Ses mains tremblaient légèrement et certains doigts portaient les marques du tabagisme… Elle avait l'air épuisée.

Il distinguait les poches et les cernes profonds qu'elle portait sous les yeux. L'aînée consentit finalement à se lancer, affichant une allure impressionnante de force et de dynamisme :

— Notre démarche est très importante et ne doit pas être prise à la légère, car un terrible drame peut se produire et c'est pour cette raison que nous avons souhaité rencontrer le commissaire, vous comprenez ?

— J'entends bien, Mesdames. Je vais noter scrupuleusement tout ce que vous allez me confier et j'en référerai dès que possible au commissaire, soyez sans crainte.

— C'est important, Monsieur, avait marmotté la plus jeune pour confirmer ce qui avait été dit. Ces quelques mots étaient remplis de l'espoir qu'elle plaçait en eux mais aussi de son désespoir, sembla-t-il à François.

À de nombreuses occasions, il avait eu à écouter toutes sortes de déclarations qui prenaient une dimension importante dans la tête des gens concernés mais qui s'avéraient le plus souvent banales et à traiter par les collègues en tenue. Il respectait cependant chaque personne avec la même courtoisie professionnelle, donnant toujours l'impression de prendre très au sérieux les déclarations formulées afin de rassurer les demandeurs.

— Si vous le voulez bien, je vais vous demander de vous présenter afin que je puisse noter votre état civil ; ensuite, vous m'expliquerez dans le détail l'objet de votre visite.

La dame âgée, tout en se présentant, avait sorti leurs deux cartes d'identité qu'elle remit à François. Elle précisa qu'elle était issue d'une grande famille quimpéroise, notoirement connue par le passé sur la ville. Son époux, décédé depuis bien longtemps, avait occupé différents postes importants dans des institutions et chambres consulaires de la ville. Âgée de quatre-vingt trois ans, deux choses lui tenaient plus que jamais à cœur, sa fille, assise près d'elle, et son petit-fils. Le ton sur lequel elle avait dit cela était si pénétrant et si singulier que François s'arrêta un instant d'écrire pour la regarder, comme on regarde une personne qui dit quelque chose d'extraordinaire à quoi elle croit de toutes ses forces. Bien que cela ne se mesurât pas à son ton, elle lui parut soudain fragile.

— Vous comprenez, je n'ai eu qu'une fille qui, à son tour, n'a eu qu'un fils, Arnaud, et c'est de lui que nous venons vous parler. Alors que mon époux m'a offert une vie somptueuse dans un milieu aisé, mon bonheur s'est vu terni, d'abord par le mariage de notre fille avec… disons-le sans détour, précisa-t-elle en jetant un regard rapide et triste vers sa fille, un bon à rien qui buvait et la battait.

La femme assise à côté d'elle approuva de la tête, sans parler, le regard tourné vers le sol. Elle finit tout de même par lever les yeux, François en fut abasourdi, elle paraissait apeurée, tétanisée par l'angoisse.

— Mon gendre étant décédé il y a quelques années, j'ai récupéré ma fille, Annie Kergloan, de son nom de dame, qui s'est battue pour sortir du terrible drame de l'alcool dans lequel elle était plongée et auquel s'ajoutaient les persécutions perverses de son époux. Elle tente aujourd'hui de se reconstruire... Je partage ma vie entre mon domicile du centre de Quimper et celui de ma fille à Concarneau. Je conduis toujours ma voiture et n'éprouve aucune difficulté pour me déplacer entre les deux villes car cette situation que nous vivons est, vous le comprenez aisément, fragile et peut être remise en cause brutalement.

François nota également l'état civil d'Annie Kergloan, soixante-deux ans, domiciliée Boulevard Bougainville à Concarneau.

Les premières formalités administratives achevées, il ne voyait toujours pas où son interlocutrice voulait en venir.

Afin d'éviter les débordements de paroles, François se montra plus directif :

— Vous vouliez me parler de votre petit-fils, Arnaud, de quoi s'agit-il ?

— Voilà... c'est une longue affaire et bien compliquée...

— Commencez par le début et nous y reviendrons ensuite si vous souhaitez apporter des compléments ou des précisions...

— En juin 1987, Arnaud s'est retrouvé impliqué dans une affaire sordide, survenue à Concarneau. Inculpé, il a été condamné à vingt ans de prison pour le viol et le meurtre d'une jeune fille. Rapidement bouclée, cette malheureuse affaire n'avait pas fait grand bruit à l'époque, mais Arnaud a toujours clamé son innocence…

La mère ne put alors retenir ses larmes tandis que la grand-mère poursuivait son monologue de façon plus détachée comme si ce drame était une histoire qu'elle récitait par devoir et dont l'impact sur sa vie semblait appartenir au passé et être enfoui au fond d'elle-même.

François voyait bien qu'elle pesait ses paroles. Peur de choquer, d'aller trop vite ? D'oublier à qui elle parlait ? Peut-être voulait-elle simplement s'acquitter d'une quelconque dette…

— À l'époque, juste avant la disparition de mon époux, ce dernier avait contacté un certain nombre de personnes dans le milieu des affaires que nous fréquentions, y compris au sein de son club-service et des autres associations dont il était membre actif. De l'avis des professionnels qu'il avait rencontrés, tous avaient été frappés par le fait que cette affaire avait été menée à charge et jamais, ou presque, à décharge du suspect.

— Qu'a-t-il été fait pour contrer cette situation ?

— Rien. Car, au moment où nous allions nous organiser, mon mari est décédé brutalement d'un infarctus. Arnaud purgeait sa peine, criant de toutes ses forces son innocence. Au bout d'une dizaine d'années, après de multiples tentatives de suicide et de grèves de la faim, une association a été créée, rassemblant de nombreuses personnes que mon mari avait contactées en son temps afin d'apporter des éléments nouveaux et d'obtenir la réouverture du dossier.

— La procédure a-t-elle été conduite à son terme ?

— L'enquête avait été reprise à zéro. Mais, peine perdue, tout le remue-ménage s'est terminé par un non-lieu et donc un classement sans suite de ces requêtes. C'est le dernier acte de cette affaire.

— C'était en quelle année ?

— 1996... Attendez, non, initiée cette année-là, mais terminée en juin 1997.

La mère pleurait abondamment et la grand-mère contenait avec peine ses émotions. François se demandait si c'était le chagrin, la culpabilité ou le soulagement d'entendre raconter une nouvelle fois cette histoire qui la faisait pleurer. Sans doute un mélange des trois.

Il voyait des monceaux de souffrance dans les yeux de cette jeune femme.

— Comment s'appelle cette association ?

— Association Contre les Injustices De La Vie, dont l'acronyme est « ACIDLV ». Elle avait été constituée pour servir à toutes les personnes frappées par la malchance et les coups du sort qui laissent si souvent des gens sur le carreau. Mon époux en était le moteur... Lui, disparu, elle est restée en sommeil mais existe toujours.

— Vous n'avez jamais songé à reprendre le flambeau ?

— Je ne m'en sentais pas les capacités et je devais me battre sur un autre front pour sauver ma fille...

— Je comprends. Et votre petit-fils, Arnaud, dans tout ça ?

— L'espoir est parfois cruel. Quand vous le supprimez chez quelqu'un qui est enfermé, ça ne laisse place qu'à un vide. Certains comblent ce vide avec de la colère et de la violence que l'on peut laisser éclater au grand jour quand on est en liberté, mais pour Arnaud, emprisonné, cela s'est transformé en une volonté de vengeance froide, calculée, réfléchie et déterminée... C'est terrible...

— Qu'entendez-vous par ces propos ?

— Arnaud a toujours prétendu "connaître le coupable". À la suite des démarches infructueuses de l'association, il a pris son parti de l'emprisonnement. Il n'a désormais plus qu'un seul but, quand il sortira, ce sera de faire justice lui-même et il le fera. C'est toute la raison de notre démarche. Il va commettre un meurtre, voire plusieurs, car il en veut à la justice aussi... mais, allez savoir aujourd'hui ce qu'il a en tête ? Un être désespéré peut être dangereux. Ses fantasmes développés au cours de son enfermement peuvent être terrifiants, même pour lui...

La mère redoubla ses pleurs et rajouta entre deux reniflements :

— C'était pourtant un si gentil gosse…

— Madame, vous savez qu'il arrive que même des gosses gentils deviennent des adultes qui commettent des meurtres inimaginables, se contenta de répondre François sans conviction.

Un silence de cathédrale régnait dans le bureau depuis de longues secondes. Le problème venait d'être posé. François bouillonnait intérieurement et réfléchit rapidement :

— Mais le coupable que vous évoquez est-il connu de la police ?

— Oui, Arnaud l'a clamé à plusieurs reprises, mais l'enquête a innocenté celui-ci.

— Imaginez qu'il ne soit vraiment pas coupable, cela voudrait dire qu'Arnaud risque de tuer un innocent, vous vous rendez compte ? C'est le pire geste qu'un être humain puisse faire : ôter la vie à un autre !

— Nous en sommes parfaitement conscientes. C'est une des raisons de notre visite. Il faut à tout prix faire quelque chose. Arnaud va sortir dans un mois et nous avons lu dans la presse, ces jours derniers, que de nombreuses affaires allaient faire l'objet d'une réouverture, comme celle du célèbre "petit Grégory" notamment, parce que les nouveaux moyens techniques et scientifiques peuvent aujourd'hui permettre de mettre au jour des éléments qui n'avaient pas pu être identifiés précédemment… Si rien n'est fait, nous craignons le carnage, car, outre le prétendu coupable, il en veut à plusieurs personnes et Dieu sait à qui encore…

— Mais, vous, quel est votre sentiment ? Croyez-vous à son innocence ?

— Totalement. Je l'ai rencontré des dizaines de fois au parloir, il m'a relaté à chaque fois le même film qu'il se déroulait dans la tête. Pour moi, il n'y a plus le moindre doute… Arnaud est innocent et un coupable se promène librement dans la nature. Et ses vingt ans d'emprisonnement, il ne les acceptera jamais et les fera payer à celui qu'il croit être le coupable et à ceux qui ne l'ont pas innocenté.

— Où cette affaire a-t-elle été jugée ?

— Ici ! Aux assises de Quimper.

François se demanda un instant si la réponse correspondait plus à un raisonnement de circonstance qu'à une intime conviction, sans pouvoir prendre position. Il venait, néanmoins, de saisir toute la mesure de la situation et reconnut d'une voix faussement détachée :

— Cette affaire est effectivement très grave…

Ces quelques mots résonnèrent étrangement dans sa bouche comme si c'était quelqu'un d'autre qui les avait prononcés. Plongé dans sa réflexion, il ne se les reconnaissait pas. Son air embarrassé et ses propos furent pris très au sérieux par les deux femmes qui attendaient à présent que l'officier de police judiciaire aille plus loin pour les rassurer.

Leur regard était fixé sur lui, étonné, chargé de sympathie et d'intérêt, tout en étant suspicieux et inquiet.

François observa les deux femmes, cherchant une réponse convenable à leur donner. Il prenait en même temps conscience de la fragilité de la couche de glace sur laquelle il avançait.

— Je découvre seulement à présent l'affaire que vous venez de m'évoquer. Je vais vous entendre dans le détail et établir un procès-verbal de tout ce que vous venez de me dire et des éléments que vous ajouterez. Puis, comme je vous l'ai dit, je vais en référer dans les minutes suivantes au patron, le commissaire...

— Est-ce que nous pouvons rester attendre ? La tension de sa voix reflétait sa propre angoisse.

— Non. Car votre demande n'est pas simple. Le pat...

— Ne me dites surtout pas que vous allez, vous aussi, classer cette affaire sans suite, ce n'est pas possible... Il y a danger et morts d'hommes en perspective, il faut les éviter.

— Non. Il n'en est pas question. J'allais simplement vous dire que le patron devra voir avec le procureur. Des démarches administratives sont à effectuer, des procédures à respecter et il convient d'analyser de quelle manière elles pourront être mises en place.

— Je comprends. Mais le temps presse...

— J'ai bien pris la mesure de toute cette affaire et de vos préoccupations. Soyez assurée que je vais tout mettre en œuvre pour la traiter au mieux, vous avez ma carte et j'ai vos coordonnées. Rentrez chez vous et je vous tiendrai informées...

— Vous nous le promettez ?

— Vous avez ma parole, soyez sans crainte.

— Vous savez, parfois, on ne se doute pas que les heures qu'on est en train de vivre vont changer notre existence pour toujours, on ne le comprend seulement qu'après... rajouta-t-elle, anxieuse et triste.

À regret et ne voyant pas d'autre issue, la grand-mère consentit à conclure l'entretien une fois que le procès-verbal fut établi et signé. Elle avait dans le regard l'expression d'un doute profond. La mère s'essuya le visage et se moucha violemment. Les deux femmes se levèrent et saluèrent François qui leur jeta un regard insondable, le remerciant au passage de faire le maximum pour leur cher Arnaud... Il leur bafouilla quelques mots d'apaisement pour les rassurer et il remarqua les traits de leurs visages se détendre. Il se sentit soudain investi d'une mission qui dépassait le cadre de ses habituelles enquêtes. Il portait le destin de ces deux femmes sur ses épaules.

Seul, François resta assis à son bureau quelques instants, repensant à la dernière phrase prononcée par la grand-mère, un épais silence se fit brutalement. L'air lui-même semblait se crisper. Il s'était figé, les sourcils froncés. On venait de lui refiler une patate chaude entre les mains et il ne voyait pas très bien comment la tenir sans se brûler. Pour trouver une quelconque inspiration, il regarda ailleurs, de l'autre côté de la fenêtre, le ciel s'apprêtait pour un grand show diurne de fin d'été.

— Tu ne devrais pas t'infliger ça, se dit-il. Mais il était tel un fumeur qui se répète qu'il n'allumera pas une cigarette, tout en sachant qu'il le fera. Il ne pouvait rester insensible à certaines situations. Son devoir l'appelait.

Il rassembla ses notes et se déplaça dans le bureau voisin pour en rendre compte à Phil. Ce dernier, le voyant très préoccupé, ayant perdu la mine enjouée qu'il affichait encore une heure plus tôt, se douta aussitôt que quelque chose d'important venait de se produire.

— Ce sont les deux femmes que tu viens de recevoir qui te mettent dans cet état ? Qu'est-ce qu'elles voulaient ?

François lui délivra par le détail tout ce qu'il avait noté. Quelques minutes après, les deux hommes se retrouvaient plongés dans le même embarras, avec les mêmes questions et les mêmes doutes. Tous les deux portaient, innés en eux, le sens de la justice et cette volonté de défendre la veuve et l'orphelin et donc de mieux servir leurs concitoyens. Pas d'autre issue que de voir "au-dessus"…

Ils ne tardèrent pas à se retrouver au bureau du patron, le commissaire Yann Le Godarec qui, à son tour, saisit la patate chaude et partagea l'embarras de ses deux OPJ. Cette situation lui disait bien quelque chose, mais sans plus. Il se souvenait avoir eu, à une certaine époque, des appels téléphoniques de différents notables de la ville qui s'étaient engagés dans l'association, mais pour lui, rien de particulier ne s'était réellement produit et il n'en avait plus jamais entendu parler. Néanmoins, à cet instant, il percevait confusément le caractère redoutable que présentait cette affaire et cette inquiétude rassemblait désormais les trois personnes.

— Nous sommes devant un cas de trouble potentiel à l'ordre public… violence aux personnes… le procureur n'a pas d'autre solution que de prendre en compte la gravité de la situation et de délivrer une instruction du parquet…

François crut utile de lui faire partager son inquiétude sur ce cas particulier et d'insister sur la nécessité de prendre très au sérieux cette menace, comme si le patron n'avait pas mesuré toute l'importance de cette affaire.

Il invita ses deux OPJ à rejoindre leur bureau. Il préférait appeler en priorité le tribunal pour en savoir un peu plus sur ce qui s'était passé quelques années plus tôt.

Le greffier de la cour d'Assises de Quimper, qu'il connaissait bien, lui indiqua rapidement que l'association avait fait rouvrir ce dossier selon l'article 622, 623, 625 et 626 du code de procédure pénale, mais que cette procédure n'avait pas abouti à modifier le jugement initial. Il rajouta :

— De toute façon, il faut bien savoir que, sur un siècle, seules six affaires ont abouti à une révision de leur procès…

Même si ces éléments n'étaient guère encourageants, rien ne devait arrêter la demande des deux OPJ. Il appela aussitôt le procureur. Ce dossier lui paraissait véritablement étrange : comment une affaire classée et en fin de peine pour le condamné pouvait-elle encore ressortir vingt ans après ? Mais, il chassa rapidement cette idée en repensant à nombre d'affaires bien plus anciennes et qui reviennent parfois au-devant de la scène…

# II

*Mardi 2 septembre 2008. Matin.*

Dès la première heure, le patron, Yann Le Godarec, avait appelé François et Phil pour faire le point sur l'affaire Arnaud Kergloan. Le procureur n'avait pas perdu de temps. La veille, tout au long de la journée, il avait contacté le juge qui avait été en charge de cette affaire aux assises, la prison de Brest, où se trouvait le détenu, pour discuter avec le directeur du comportement de leur prisonnier, et, également, l'ancien commissaire de police de Concarneau, aujourd'hui à la retraite, qui avait travaillé avec deux OPJ sur cette affaire.

Deux choses ressortaient :

La première c'était que l'enquête avait été rondement menée, les preuves apportées accablantes et la justice avait tranché sans émettre le moindre doute.

La deuxième c'était que le comportement révolté d'Arnaud Kergloan, de l'incarcération au jugement et jusqu'à la fin de l'appel, de nombreuses années après, s'était totalement modifié, suite à ce deuxième temps. Il n'avait plus tenté de mettre fin à ses jours, ni fait de grève de la faim. Par contre, il avait développé une haine et un désir de vengeance froide, confiant à de nombreuses reprises à ses codétenus, qu'une fois libéré, « il mettrait de l'ordre dans cette affaire et qu'on entendrait parler de lui ». Cette détermination avait interpellé la direction de la prison qui avait tenté de mieux le cerner. Mais, dans le même temps, très intelligemment, il avait su se montrer, vis-à-vis d'eux, doux comme un agneau, que ce soit face à ses geôliers ou au psychiatre qui l'avait examiné, leur annonçant même, de façon confiante, qu'il était prêt à se reconstruire et à oublier le passé... offrant toujours un aspect positif de l'avenir qu'il se préparait. Ne révélant jamais la moindre intention de vengeance et niant les propos remontés par certains codétenus, les jugeant irresponsables et sans fondement. Mais le directeur de la prison n'était pas dupe...

Devant cette situation, le procureur avait pris cette menace très au sérieux et la visite de la grand-mère, accompagnée de la mère, venait mettre en évidence un risque réel à terme que la police ne pourrait ignorer en cas de futur drame. Il avertit le préfet et, sur instruction du parquet, délivra une enquête préliminaire.

La déclaration des deux femmes était d'autant plus inquiétante que, à peine sorties de l'hôtel de police de la rue Théodore Le Hars, elles s'étaient précipitées tout à côté, Boulevard Amiral de Kerguélen, au bureau principal de la poste, pour rédiger une longue lettre cosignée par elles deux, qui évoquait au passage le procès-verbal, et adressée en recommandé avec accusé de réception au capitaine François Le Duigou, récapitulant ainsi leur démarche et le mettant face à ses responsabilités en cas d'une tragédie ultérieure dont Arnaud Kergloan serait l'instigateur... Bien entendu, elles avaient adressé le double de cette correspondance au commissaire et au procureur !

Pour devenir embarrassante, cette affaire prenait une tournure jamais rencontrée à ce jour au commissariat de police de Quimper. Visiblement, la grand-mère ne semblait pas perdre le fil de son idée ni s'en laisser conter et se sentait disposée à remuer ciel et terre pour arriver à ses fins afin de protéger son petit-fils.

Le procureur priait instamment le commissaire de charger les deux OPJ, François et Phil, d'étudier dans le détail ce dossier. Il ne voulait pas que l'enquête préliminaire soit confiée à Concarneau afin de garder une totale objectivité. Il s'agissait de repartir de la constitution jusqu'au jugement et, au vu des éléments, de rencontrer certains membres de l'association, le prisonnier et toutes les personnes qu'il jugeait nécessaire d'entendre, y compris de solliciter les services spécialisés de la police technique et scientifique afin de vérifier le bien-fondé des certitudes du prisonnier appuyées par les doutes émis par la famille.

Phil et François avaient la matinée pour boucler leurs affaires courantes et céder celles en cours à d'autres collègues

*

* *

*Mardi 2 septembre 2008. Après-midi.*

Le dossier des assises pouvait être recherché aux archives du tribunal, mais Phil comme François préféraient travailler sur le dossier archivé au commissariat de police de Concarneau. Car ils savaient parfaitement, par expérience, que celui-ci contenait, immanquablement, bien plus d'éléments. Ils espéraient ainsi y découvrir des notes personnelles des OPJ, certainement des coupures de presse, des photos et, le plus important, des notes sur des recherches à effectuer et classées "sans suite" et bien d'autres petits détails, sans importance à l'époque, qui n'avaient pas éveillé l'attention...

Il était plus de quatorze heures trente quand ils franchirent la porte du commissariat de police situé 1, Avenue de la gare à Concarneau. Dans cette ville que François affectionnait particulièrement et où il avait de bons amis pêcheurs qui possédaient un bateau pêche-promenade. Il ne se lassait jamais de les accompagner. Cette ville lui rappelait également tellement de ses souvenirs de jeunesse quand il y venait “draguer” en fin de semaine, à la fin des années soixante et au début des années soixante-dix…

Ils demandèrent à rencontrer le capitaine Maxime Moreau*. Ce dernier était en congé après une saison agitée. Un OPJ leur remit le dossier complet qui, comme l'avait espéré François, contenait bien des notes personnelles des OPJ chargés de l'enquête initiale. Ils emportèrent l'imposant dossier ainsi que les éléments de l'appel effectué par l'association, dans le coffre de leur voiture, et reprirent la direction de Quimper. Le collègue de Concarneau ne s'était guère montré bavard ni intéressé par cette démarche…

Phil et François avaient réquisitionné un bureau vacant et inutilisé de longue date, au dernier étage de l'immeuble du commissariat de Quimper, afin d'y installer le quartier général de cette affaire. Contrairement aux autres enquêtes, ils ne partaient pas “de rien” mais d'un énorme dossier qu'il leur appartenait d'examiner sous toutes les coutures. L'approche était inversée, au lieu de bâtir pièce par pièce, ils devaient partir de l'existant afin d'examiner et d'analyser chaque élément.

Ils découvrirent d'abord plusieurs photos de la victime. Elle était visiblement très belle et affichait un sourire radieux et malicieux qui montrait qu'elle voulait croquer la vie à pleines dents. Ils entreprirent

---

*Personnage récurrent de la série policière de Stéphane Jaffrézic - même collection - mêmes éditions.

ensuite d'étudier chaque pièce dans le moindre détail. Comme ils ne connaissaient pas du tout le dossier, ils devaient y trouver des éléments qui avaient pu échapper à tous ceux qui l'avaient constitué. Découvrir ce détail révélateur, utiliser le bon aiguillage qui changerait l'interprétation des faits et les expédierait dans une tout autre direction. Ils bénéficiaient d'un avantage considérable : ils n'étaient pas influencés, ni pollués par les événements et le contexte de l'époque… Des yeux neufs et impartiaux pouvaient retenir des indices, découvrir des pistes dans ces documents. Pour cela, ils ne devaient rien négliger ni laisser passer…

Quant aux rapports du légiste, la requête en divulgation avait révélé que le décès avait eu lieu par étouffement en appliquant « *quelque chose d'indéfini sur le cou de la victime* », qu'elle avait eu un rapport sexuel juste avant le décès et que la dose d'alcool absorbée, du whisky en l'occurrence, avait pu, au moment du décès, provoquer un coma éthylique. Il avait été retrouvé également du coca-cola… Ces éléments paraissaient troublants… Suivaient diverses annotations sur les remarques du légiste.

Ils pensèrent encore à l'association de défense et se dirent qu'on n'obtenait pas la justice en brandissant des pancartes dans la rue ou en exerçant un quelconque chantage médiatique. Au contraire, en étant du côté des justes, en suivant le droit chemin sans dévier, le résultat pouvait être au rendez-vous, en fin de parcours. Ils devaient “posséder” le dossier totalement de A à Z avant de se rendre sur le terrain et de rencontrer les divers protagonistes.

*

*   *

*Lundi 8 septembre 2008.*

Toute la semaine s’était écoulée depuis qu’ils avaient récupéré et entrepris l’étude du dossier d’Arnaud Kergloan. Mais, jusque-là, hélas, rien ne venait les surprendre dans le déroulement de cette étude. Certes, ils avaient pris un nombre considérable de notes et relevé des points qu’ils auraient à vérifier, aucun cependant ne leur paraissait d’une importance capitale qui puisse changer l’ordre des choses… Toutes les déductions étaient aussi irréfragables les unes que les autres.

Ayant examiné tout ce qui avait conduit à l’inculpation et à la condamnation d’Arnaud Kergloan, il leur importait à présent de le rencontrer sans délai pour connaître sa version et recueillir son sentiment. Le patron se chargea de faire le maximum auprès du procureur afin qu’ils puissent se rendre rapidement au centre de détention.

Dans l’intervalle, les deux femmes étaient venues aux nouvelles. François et Phil passèrent un certain temps à leur expliquer comment ils allaient conduire cette enquête. Ils comprenaient bien qu'à leurs yeux puisse exister une sorte de scepticisme : ils n'étaient que deux policiers promettant de travailler sur une affaire initiée précédemment par leurs propres collègues et imaginaient bien que les deux femmes gardaient le souvenir de l'échec cuisant des démarches entreprises par l'association. Mais François et Phil mirent toute leur conviction pour leur assurer que leur examen serait mené avec sérieux et détermination et que tous les moyens les plus modernes seraient mis en œuvre, y compris sur le plan technique et scientifique, pour vérifier le détail "jugé secondaire" et découvrir la moindre faille, si toutefois celle-ci existait…

Ils invitèrent les deux femmes à rencontrer Arnaud sans tarder pour l'informer de leur démarche et l'inciter à collaborer avec eux sur les éléments qui, à ses yeux, n'avaient pas été suffisamment pris en compte par les enquêteurs de l'époque. Le moindre indice serait exploité, vérifié, analysé, rien ne devait être négligé. Son implication, son rôle et ses apports seraient déterminants dans la suite de cette affaire.

Si la mère ne semblait guère convaincue par la démarche, la grand-mère se montrait plus confiante et surtout disposée à se ranger totalement derrière les deux OPJ, ce qui les encouragea.

Le procureur voulait que cette affaire aille vite et il vint le dire au patron et aux deux OPJ chargés de l'enquête :

— J'attends de chacun de vous qu'il agisse de manière très professionnelle et consciencieuse. Mais surtout, j'attends des résultats. Tout le reste ne compte absolument pas.

Les propos avaient le mérite d'être clairs. L'excitation et la poussée d'adrénaline qui accompagnaient toujours une nouvelle affaire, créaient toujours chez Phil et François une sorte d'ivresse... qui ne durait jamais bien longtemps. Et les dires du procureur, en forme d'ultimatum, eurent le don de les agacer. Conscient du challenge à relever, le patron décida de détacher le jeune Joël Le Traon en complément des deux OPJ. Il leur appartenait à présent de s'organiser et de mener à bien cette enquête hors du commun et, pour eux, nouvelle par sa forme.

Tous les trois se retrouvèrent dans le bureau de François qui expliqua de quelle manière s'effectuerait leur fonctionnement :

— Bon, voici comment nous allons procéder. Joël, tu tiendras le gouvernail. Phil et moi nous nous rendrons sur le terrain.

Joël répondit par un grognement. Cette métaphore maritime signifiait que Joël devrait enregistrer tous les éléments de l'enquête. Il devait se familiariser avec toutes les facettes du dossier, devenir le point névralgique, la mémoire vivante de toute l'affaire. Cela signifiait surtout qu'il ne ferait pas grand-chose au niveau de l'enquête sur le terrain, pour ne pas dire, rien. Or, aucun OPJ n'aime rester enfermé toute la journée dans son bureau. Ceci voulait aussi dire qu'il devrait meubler le reste du temps par le “tout-venant” du commissariat au quotidien, ce que tous détestent, préférant de loin être dans l'action et le suivi d'une affaire palpitante... Ce geste d'humeur n'échappa pas à François :

— Je sais... Mais, je pense que c'est toi le plus qualifié pour ce travail. Nous détenons des tonnes d'éléments, le temps nous est compté et nous devrons donc agir vite auprès de tous les protagonistes de cette affaire. Il est indispensable que nous puissions compter sur toi et ton ordinateur pour suivre le fil de tout ce qui va se passer dans les jours à venir.

Phil rajouta sur le ton de la plaisanterie pour détendre l'atmosphère :

— Ce n'est pas pour rien qu'on te considère comme l'enfant caché de Sherlock et d'Agatha !

Le Traon acquiesça avec le sourire et s'engagea à être leur homme de confiance. Tout était en ordre de marche désormais. Phil et François allaient passer à l'action. Première rencontre, indispensable pour contrebalancer tout ce qu'ils venaient d'apprendre sur cette affaire au travers des pièces du dossier : un face-à-face avec Arnaud Kergloan.

Le procureur ayant délivré les permis de communiquer, ils obtinrent le parcours carcéral d'Arnaud Kergloan, avec un premier transit par la prison de Brest, un séjour à Plœmeur jusqu'à l'appel, puis à la prison de Rennes jusqu'à ces derniers mois, avant de regagner la prison de Brest. Ils appelèrent le directeur de la prison de Brest afin de programmer pour le lendemain une visite au parloir. Ils devaient entendre Arnaud Kergloan, établir un climat de confiance, le faire parler… ils savaient que ce ne serait pas le plus facile. Mais ils prendraient le temps qu'il faudrait, quitte à y passer la journée : ce premier échange était capital à leurs yeux, c'était le premier examen de passage dans cette enquête. Après cette entrevue, ils pourraient commencer à opposer les pièces et éléments du dossier aux arguments du détenu.

Le soir, en regagnant leur domicile, Phil et François éprouvaient le même sentiment d'impatience d'être au lendemain, cette affaire classée leur paraissait grisante sur bien des plans, le challenge leur plaisait…

# III

*Mardi 9 septembre 2008. Matin.*

En découvrant la rade et la ville de Brest, tout en descendant vers le fameux pont qui enjambe l'Élorn, ils ne purent s'empêcher de penser, avec un pincement au cœur, à cette affaire qui les avait tellement contrariés.* Heureusement, depuis, de nombreux dossiers leur avaient donné bien des sujets de satisfaction. L'anse du Moulin Blanc s'offrait à présent à leurs regards de même que le port de plaisance et, plus loin, les installations portuaires...

Peu après, vers 9 heures, ils se présentèrent à la porte de la prison de Brest. Comme d'habitude, en pareille circonstance, ils furent dépouillés de leur arme et de tout élément métallique avant de passer au portail électromagnétique. Ils éprouvaient toujours une curieuse sensation en se rendant en milieu carcéral et se sentaient "dénudés", mais comprenaient et respectaient parfaitement la nécessité de se plier à la règle.

*Voir *En rade à Brest* - même auteur - même collection.

Ils furent conduits à la pièce du parloir où ils allaient rencontrer Arnaud Kergloan. Une petite pièce sordide de deux mètres sur deux environ, peinte en gris, une simple table en bois, deux chaises d'un côté, une de l'autre, une ouverture située en hauteur, constituée de blocs de verre épais de vingt centimètres sur vingt, laissait passer une clarté mais n'offrait aucune visibilité. Une faible lumière centrale inactinique au plafond. Difficile de faire plus simple.

Phil et François attendirent debout l'arrivée du détenu. La porte s'ouvrit, deux matons encadraient Arnaud Kergloan.

Brun, le visage grave, cheveux courts, de taille moyenne, plutôt mince, presque fragile, il se figea quelques secondes à l'entrée de la pièce. Il avait les traits tirés, les yeux hantés de ceux qui vivent un cauchemar. Il baissa la tête. François et Phil se présentèrent et l'invitèrent à entrer. L'un des matons indiqua aux OPJ qu'ils pouvaient les appeler à tout instant si nécessaire, puis ils refermèrent la porte. François rompit le silence qui venait de s'installer :

— Si on s'asseyait pour parler, monsieur Kergloan ? suggéra François en désignant de la main la chaise qu'il lui proposait.

Après avoir marqué un temps d'hésitation, il consentit à s'asseoir, ce que firent également François et Phil. Mais, sans rien sortir de leurs sacoches : ils préféraient apprivoiser leur interlocuteur avant d'entrer dans le vif du sujet. François constata que son visage n'exprimait que du mépris. Il n'en attendait pas moins.

— Nous avons rencontré votre maman et votre grand-mère, est-ce qu'elles vous ont parlé de nous ?

— Écoutez, mon affaire est pliée et rangée depuis longtemps… J'avais vingt ans… Je vais en avoir quarante ! Après avoir passé la moitié de ma vie dans ce cadre qui nous entoure, je ne vois pas du tout ce que vous me voulez et ce que vous venez faire ici. Cette affaire est finie, terminée pour la justice et j'ai payé ! Avant la fin de l'année, je suis sorti, alors, de grâce… fichez-moi la paix !

Cette animosité dont ils faisaient l'objet montrait qu'ils n'étaient pas les bienvenus. Dans ce regard figé dans la haine et la résignation, les OPJ pouvaient-ils discerner encore une quelconque trace d'espoir ? Difficile à dire. Ils sentaient bien, cependant, la distance qui les séparait… tout un continent !

— Nous savons tout ça, monsieur Kergloan. Mais nous avons de bonnes raisons de penser que les nouveaux moyens techniques et scientifiques mis à notre disposition sont de nature à appréhender des éléments de votre affaire sous un jour nouveau…

— C'est cela, oui… causez toujours ! Et vous pensez que je vais vous écouter ou vous croire après tout ce que j'ai subi ?

— Je vous donne notre parole… nous allons tout faire pour reprendre votre dossier de A à Z, nous avons carte blanche du procureur.

— Ouais, bien sûr ! répondit Arnaud sans les regarder. Vous me donnez votre parole. Mais des types comme vous, prêts à dévoiler la vérité, j'en ai vu passer des tas sur mon affaire ! Mais j'ai surtout vu ce que ça a donné et ce qu'il en est sorti. Le baisé c'était moi et moi seul. Point final. Je pense que nous n'avons rien de plus à nous dire.

À cet instant, la fureur qui animait Arnaud Kergloan ne se traduisait encore à l'extérieur que par l'éclair de ses yeux fulgurants et la façon dont il se serrait les mains à en devenir blanches, exsangues. Il arborait le comportement d'un homme marqué par des années de profond désespoir. Ses yeux, chargés de fatigue et de scepticisme, le vieillissaient profondément.

Cette réplique obligea François à marquer un temps d'arrêt. Phil le regarda et, des yeux, lui demanda de prendre la main. Comme d'habitude, François hocha la tête de façon presque imperceptible. Il avait beaucoup de respect pour les talents de son collègue, le lieutenant Bozzi. Il l'avait tellement vu à l'œuvre pendant des interrogatoires pénibles et interminables. Il faisait preuve d'une telle empathie… Le plus souvent, Phil n'attaquait pas, mais il savait transformer, contourner, revenir par derrière, désamorcer et, tout compte fait, désarmer l'interlocuteur. Phil prit donc le relais :

— Monsieur Kergloan, vous l'avez dit, votre affaire s'est passée il y a vingt ans. Nous sommes tous les deux de la même génération, pourquoi croyez-vous que je sois là aujourd'hui ?

Il se contenta de hausser les épaules sans répondre.

— C'est parce que j'ai déjà travaillé sur des dossiers similaires… avec succès. Je ne pourrais pas vous dire combien ont été élucidés, simplement parce que nous disposons aujourd'hui de moyens nouveaux, voire révolutionnaires. Je peux même vous confier que la France est actuellement en pointe dans ce domaine en Europe. J'ai été formé à l'école des officiers de Police Judiciaire pour cela. Je suis là pour vous, parce que j'ai étudié votre affaire dans le détail et je sais que je peux faire quelque chose, sinon, je ne me serais pas dérangé.

— Je n'ai rien contre vous… personnellement. Mais je ne peux pas vous croire, non, je n'peux pas.

— Je ne vous demande pas de me croire, vous ne m'avez rien demandé et je vous le redis : je peux faire quelque chose… c'est tout bénef pour vous.

— Non. Car la justice est passée et le vrai coupable ne sera jamais puni.

— Vous évoquez la justice… justement, parlons-en ! Croyez-vous ou pensez-vous, une seconde, que c'est elle qui m'envoie pour démontrer que ce n'était pas vous le coupable, qu'elle s'est trompée ? Eh bien non ! Sûrement pas ! Car cela va lui coûter un max si elle s'est trompée, et vous le savez très bien !

Mutisme complet, mais l'homme écoutait. Les paroles de Phil portaient.

— Alors, qu'en dites-vous ?

— Que cela ne me rendra jamais ma liberté perdue et surtout ne condamnera jamais le vrai meurtrier !

— C'est vrai, cela ne vous rendra pas votre liberté perdue. Nous sommes d'accord, mais les indemnités à percevoir doivent vous mettre à l'aise pour un bon bout de temps, cependant, vous voyez, pour moi, là n'est pas le problème… Il y a votre honneur et la condamnation du vrai coupable ! Voilà ce qui m'importe, pour le reste, ce ne sont que des considérations matérielles…

— Oui, mais le vrai coupable ne risque plus rien, il y a prescription.

— La loi est claire, la prescription criminelle est de vingt ans…

— Vous voyez bien !

— Laissez-moi terminer ! Cette prescription démarre du dernier acte se rapportant à l'affaire jugée et non pas de la date du meurtre, comme beaucoup de personnes seraient tentées de le penser. Or, dans votre cas, l'association ACIDLV s'est pourvue dans votre affaire en 1996-1997, si bien que la prescription ne démarre qu'à cette date. Je pourrais vous citer une liste impressionnante d'affaires qui ont défrayé la chronique et qui relevaient de cette procédure, permettant ainsi d'innocenter des personnes et de condamner les vrais coupables.

— …

Mutisme et indécision totale de la part d'Arnaud Kergloan. François jeta un rapide regard vers Phil. Regard qui laissait percer un espoir et pouvait permettre de penser que le détenu fléchissait.

— J'ai besoin de réfléchir, finit-il par répondre, sans doute plus par volonté de ne pas rester insensible à leur démarche que par conviction profonde.

— Réfléchir à quoi ?

— Je... je... je n'sais pas. Vous débarquez. Vous me dites des choses. Personne ne m'a parlé comme ça depuis vingt ans, vous vous rendez compte ?

— La seule chose qu'il faut que vous compreniez, c'est que je suis de votre côté. Nous sommes là tous les deux pour vous et vous seul. Il n'y a personne derrière nous, pas d'association, pas la justice, pas les médias, nous sommes juste là pour faire notre boulot et rien d'autre ! D'une façon totalement intègre, impartiale, simplement pour faire éclater la vérité ! Qu'avez-vous à perdre ?

— ...

— Hein ? À perdre ? Rien ! Mais à gagner ! Tout ! Alors ?

— C'est trop, vous me cachez quelque chose ! Vous êtes en train de me manipuler, mais je suis sûr que c'est encore pour me baiser !

— Non. Stop ! Ce n'est pas notre créneau. Vous oubliez l'autorité de l'affaire jugée, quoi qu'il advienne, c'est fini. Sauf... Sauf... ?

— Oui, sauf quoi ?

— Sauf si vous êtes d'accord que nous travaillions ensemble pour tout reprendre, tout refaire expertiser et faire éclater la vérité ! Vous vous rendez compte LA VÉ.RI.TÉ ! C'est bien ce que vous avez toujours voulu connaître, non ?

Découvrir la vérité, cette formule tenait toute son importance pour les deux OPJ. Ils entretenaient en effet avec la vérité des rapports passionnés mais aussi conflictuels. Cette affaire en faisait désormais partie. Il ne fallait pas simplement l'approcher mais la mettre en lumière, très précisément. Découvrir la vérité correspondait à retrouver leur tranquillité d'esprit...

— Oui, bien sûr... mais comment voulez-vous refaire les expertises vingt ans après ?

— Aujourd'hui, nous le pouvons, des siècles après ! Je ne vous parlerai pas des cheveux de Napoléon, ni de l'identification de l'astronome Nicolas Copernic, vivant au XVII$^{e}$ siècle, ni des analyses faites sur Agnès Sorel, dite la Dame de Beauté à Loches, où nous remontons au XV$^{e}$ siècle, ni de celles effectuées sur certains pharaons d'Égypte ! Alors, vous pensez bien que ce ne sont pas vingt années qui vont nous poser problème !

La discussion se prolongea de façon plus détendue mais Arnaud Kergloan restait sur la défensive et mettait en doute la proposition d'action des deux officiers de police judiciaire, sa méfiance ne le lâchait pas. Nul doute que sa grand-mère ne lui avait pas tout dit et, sans doute, ne lui avait-elle pas parlé de sa démarche quand elle était venue, accompagnée de sa fille au commissariat. Il comprenait d'autant moins la situation qu'il ignorait ce que les OPJ connaissaient de sa situation et de son affaire.

François n'était plus intervenu. Phil tenait la corde, il ne fallait pas rompre le dialogue établi. Il le voyait agir en mélangeant tout : grandes idées et petits détails, impressions et réalité, verbes et pensées, le tout semblait prendre dans la tête de Kergloan. Les OPJ n'avaient encore sorti aucun dossier ni pris aucune note. Phil reprenait inlassablement chaque argument, développait chaque point afin de bien lui faire comprendre l'intérêt de reprendre totalement cette enquête. Arnaud ne mollissait que très lentement, mais François sentait bien que Phil était en train de gagner la partie. Les échanges durèrent près de trois heures, Phil et Arnaud avaient besoin de faire une pause. Mais, Phil voulut conclure sur un accord tacite entre eux avant l'heure de déjeuner :

— Écoutez, monsieur Kergloan, je ne vais pas reprendre ni vous répéter inlassablement tout ce que je viens de vous développer depuis bientôt trois heures. Nous allons réexaminer votre affaire à zéro, mais si vous voulez que cette entreprise réussisse, il faut que vous nous apportiez votre concours. Nous avons besoin de vous. Êtes-vous disposé à nous aider ?

— Heu… c'est-à-dire que je ne vois pas comment ? Pour l'instant, je reste toujours en prison que je sache.

— Voici comment nous pouvons procéder... Nous allons d'abord aller déjeuner, si vous êtes d'accord. Ensuite, nous nous retrouverons dans cette pièce. Contrairement à tout ce qui a été fait jusque-là, ce que nous envisageons, c'est de tout reprendre depuis le début en intégrant toutes vos informations qu'il vous faut nous fournir aussi complètes que possible. Nous referons alors l'enquête à partir de "VOS" indications sans jamais nous laisser influencer par les pièces du dossier existant. À nos yeux, seule votre version compte et nous allons tout exploiter à votre décharge. Vous avez bien compris la démarche ?

— Et si vous ne trouvez rien ?

— Auriez-vous le moindre doute ?

Phil planta ses yeux dans les siens et l'instant se figea.

Arnaud céda définitivement, il se sentit obligé de préciser :

— Non... non... ce n'est pas ce que j'ai voulu dire...

— Pour nous, votre affaire est simple. Nous allons partir du principe que vous êtes innocent, vous l'avez suffisamment clamé et nous allons le prouver... ou vous n'êtes pas innocent et là, c'est vous qui voyez...

— Je suis innocent ! s'exclama-t-il avec véhémence.

Sans un mot de plus. Depuis le début de leur rencontre, il avait tout dit. De son désespoir, de ses haines, et de sa solitude.

— Nous ne demandons qu'à le démontrer, alors, d'accord, nous nous retrouvons ici vers 14 heures et nous entrons ensemble dans le vif du sujet ?

— ...

— Monsieur Kergloan ?

Il baissa les yeux, rassembla ses pensées, son courage ou Dieu sait quoi, puis releva de nouveau la tête :

— D'accord !

— Parfait, nous savions que nous pouvions compter sur vous, nous allons faire du bon travail ensemble cet après-midi !

Son accord étant recueilli, Phil et François savaient qu'ils allaient pouvoir poursuivre de façon concrète après le déjeuner.

Un maton s'était présenté quelques instants plus tôt pour indiquer qu'il allait revenir chercher le détenu. François l'appela. Deux matons prirent en charge Arnaud Kergloan. Phil et François restèrent quelques instants silencieux dans la pièce et François tendit la main à Phil :

— Félicitations, je n'aurais pas eu ta patience. Dix fois, j'ai eu envie de lui voler dans les plumes et de lui rappeler qu'il était en taule et que, si ça ne l'intéressait pas que nous nous battions pour lui, nous pouvions repartir ! Quand je te voyais t'exténuer à poursuivre... moi, je reconnais, je souhaitais abandonner. Et surtout, il a eu de ces réflexions parfois méprisantes à l'égard de la police...

— Je sais. Mais je ne les ai pas prises au sens littéral. Dans ce genre de situation, ce type, s'il n'est pas coupable, il a le droit de se laisser aller. Il souffre, il dit des choses sans vraiment les penser, voilà tout...

— Peut-être. Mais tout de même ! J'étais triste et abasourdi par moments de constater comment il pouvait sombrer dans un cynisme absolu, même si je tentais de lui accorder des excuses.

Phil s'en fichait. Il avait déjà chassé de son esprit ces détails pour se concentrer sur l'homme et ce qu'il pouvait leur apporter pour réussir leur enquête. Il espérait que, dans l'après-midi, il découvrirait un élément qui donnerait une nouvelle piste à ce dossier et lui indiquerait le nouveau chemin à suivre.

Un maton frappa et entrouvrit la porte de la pièce pour passer la tête :

— Vous êtes bien le capitaine Le Duigou et le lieutenant Bozzi ?

— Oui, pourquoi ?

— Le directeur du centre veut vous voir et aimerait déjeuner avec vous, si vous êtes d'accord. Je vous ai noté son numéro de poste sur ce bout de papier. Il le leur tendit en entrant dans la pièce.

Ils l'appelèrent et furent conduits à son bureau. L'homme, la cinquantaine bien portée, d'un abord sympathique, les accueillit en affichant un large sourire. Pas très grand, large d'épaules, cheveux presque blancs, un bouc gris taillé avec soin lui donnait un air distingué.

Il portait un costume anthracite ainsi qu'une cravate bleue sur une chemise blanche qui peinait à envelopper son embonpoint naissant. Sa poignée de main fut franche et cordiale.

Les présentations rapidement faites, il les invita à s'asseoir dans les deux fauteuils qui faisaient face à son bureau :

— Alors, votre impression sur Kergloan ?

— Nous avons passé la matinée à discuter avec lui et, cet après-midi, nous espérons avancer sur le dossier.

— C'est un curieux personnage. C'est la première fois que je rencontre un type comme lui. Intelligent avec ça ! Durant ces dernières années, il a suivi des tas de formations avec succès. Et, depuis quelque temps, il est devenu un prisonnier modèle. Il lit assidûment *l'Ouest-France*. Vous savez que ce grand quotidien régional offre gracieusement un abonnement à chaque prisonnier, une façon de les aider à ne pas déconnecter avec la réalité et aussi à mieux atterrir le moment venu ? Il ne clame plus son innocence, tout en laissant entendre qu'il va régler ses comptes en sortant… C'est pratiquement du jamais vu quelqu'un qui s'obstine de la sorte ! Vous y croyez, vous, à son innocence ?

— Et vous ? Puisque vous le connaissez mieux que nous !

Phil et François ne voulaient pas se dévoiler mais préféraient bien écouter.

— Eh bien, quand il a effectué ses tentatives de suicide, ses grèves de la faim, j'y ai cru… et puis, l'enquête a été reprise suite à la pression de l'association dont je ne me rappelle plus le nom ni le sigle… et puis, plus rien. Tout vérifié, il demeurait l'unique coupable, alors là, j'ai considéré que c'était un remarquable simulateur, hors du commun… Vous savez, parfois la frontière est très mince entre obstination et stupidité, le tout est de rester du bon côté !

— C'est vraiment votre sentiment ?

— Oui. Votre tâche ne va pas être facile.

— Nous le savons !

— J'imagine. Et si vous ne débouchez sur rien de plus ?

— C'est le risque, nous aurons notre conscience pour nous.

— Vous avez pu analyser le dossier dans le détail ?

— Oui. C'est ce que nous avons fait depuis une semaine. Ce qui nous intéresse, c'est sa version, essayer de faire comme si c'était lui qui avait raison, reprendre tout depuis le départ, refaire les analyses ADN et autres qui sont plus performantes aujourd'hui…

— Oui, si les scellés ont été conservés dans de bonnes conditions, si vous avez assez de billes… Quoi qu'il en soit, ça ne va pas être facile pour vous. Devant cette situation particulière, nous l'avons ramené ici de la prison de Rennes, afin de mieux le suivre… Étant donné qu'il termine sa peine, ce changement n'a rien de surprenant. Ce qui m'a permis d'agir. Depuis une semaine, je l'ai mis dans une autre cellule plus agréable où ils ne sont que deux. Nous avons passé un deal avec son codétenu pour qu'il nous tienne informés de tout ce que Kergloan dira après votre visite, on ne sait jamais, conclut-il sur un ton qui ne laissait guère de place à la discussion.

Phil et François ne cachèrent pas leur surprise. Cette situation ne leur plaisait guère, le directeur était maître des lieux, néanmoins François fit savoir son sentiment :

— Oui. Mais cette initiative nous gêne, il ne faudrait pas qu'il l'apprenne car ça pourrait tout faire foirer. Nous voulons nous battre pour découvrir la vérité quelle qu'elle soit, même si elle doit aboutir à confirmer simplement le jugement, mais nous ne voulons rien négliger en ne prenant aucun risque, vous comprenez ?

— Oui, j'entends bien, mais n'ayez crainte. De mon côté, c'est ficelé ! Comprenant la réaction des OPJ, le directeur enchaîna aussitôt sur un autre sujet : bon, je vous invite à déjeuner dans la petite pièce à côté. J'ai demandé au cuistot du centre de nous monter quelque chose d'un peu mieux qu'à l'ordinaire ! Mais ce ne seront que des plateaux-repas tout de même.

Chacun se détendit.

Phil et François auraient préféré que le directeur ne s'occupe pas d'eux. Mais, ils tentèrent d'oublier rapidement cet entretien et ce système de délation mis en place.

Le directeur, par sa convivialité, sut détendre l'atmosphère qui s'était chargée durant quelques minutes.

Tout au long du déjeuner, l'ambiance fut sympathique, alimentée d'anecdotes croustillantes sur le métier de chacun.

Il leur expliqua aussi la situation de son établissement : prévu pour deux cent cinquante-cinq places en théorie, il recevait actuellement près de quatre cents détenus, mais essentiellement des petites peines.

Pour cette raison, ses équipes travaillaient beaucoup sur la préparation de la sortie, le retour à la vie sociale.

Ceci avait permis aussi d'accepter l'arrivée de Kergloan, officiellement motivée par une préparation à la réinsertion et son retour à la liberté.

Le centre pénitentiaire possédait aussi un département destiné aux femmes, une petite unité dont il était assez content d'autant qu'il allait passer de douze à vingt places, car il venait de fermer définitivement le quartier des mineurs, un peu surdimensionné.

Enfin, il évoqua, avec fierté, le fait que la maison d'arrêt de Brest avait été retenue comme établissement pilote dans la mise en œuvre des recommandations européennes.

Le dossier d'Arnaud Kergloan était devenu subitement tabou durant tout le repas. Néanmoins, Phil et François espéraient vivement que cette sorte "d'ingérence" du directeur de la prison dans leur affaire ne leur causerait aucun préjudice. Seul l'avenir le leur dirait…

# IV

*Mardi 9 septembre 2008. Après-midi.*

Vers quatorze heures, Phil et François avaient regagné la petite pièce du parloir où ils attendaient Arnaud Kergloan, priant qu'il n'ait pas changé d'avis entretemps et qu'il restât prêt à collaborer au mieux. Ils reparlèrent de leur entretien avec le directeur. Ils le sentaient incrédule quant aux chances de succès qu'ils avaient de démontrer son innocence.

Ce dernier apparut enfin et s'installa comme le matin même. Il paraissait plus frêle encore et son visage restait plus préoccupé que lorsqu'ils s'étaient séparés. Il regarda autour de lui comme pour y chercher de l'inspiration, puis il secoua la tête, les mots justes ne lui parvenaient pas. Phil avait bien ressenti cette impression et l'invita à s'exprimer. Cependant, Arnaud Kergloan se contenta de poser quelques questions sans grande importance comme pour montrer qu'il avait réfléchi dans l'intervalle et qu'il souhaitait obtenir quelques précisions.

Phil traita rapidement les diverses objections de principe, puis il adopta sa meilleure tête de flic, y ajoutant juste un léger sourire, façon présentateur du "20 heures", professionnel mais accessible, il s'éclaircit la gorge et se lança :

— Bien, monsieur Kergloan, nous allons pouvoir commencer. Désormais, la parole vous appartient.

Dans le même temps, il sortit son ordinateur portable tandis que François installait un petit magnétophone, un bloc devant lui et, crayon en main, attendait. Phil poursuivit :

— Nous sommes bien d'accord, monsieur Kergloan. Pour nous, vous seul comptez ! Ignorons le procès, le jugement et tout ce qui a pu être dit, vous allez nous raconter dans le détail tout ce qui s'est passé précisément dans votre vie, depuis, disons, deux ou trois jours avant le drame jusqu'au moment de votre arrestation. Seule cette version nous intéresse !

Arnaud Kergloan approuva de la tête, sans répondre, préoccupé par ce qu'il allait dire :

— Nous sommes à Concarneau, fin juin 1987, commença Phil pour lancer son interlocuteur.

— Oui. J'avais vingt ans, je venais d'obtenir mon BTS et j'allais entrer dans la vie active.

— Vous aviez trouvé un emploi ?

— Pratiquement, j'avais passé des entretiens et un armement de Concarneau m'embauchait à partir de septembre. Le responsable des ressources humaines m'avait téléphoné et, courant de l'été, je devais passer la visite médicale et constituer mon dossier.

À cette évocation, ses yeux s'embuèrent, il devait repenser à cette période heureuse et prometteuse.

— Vous habitiez à Concarneau ?

— Oui, enfin à côté, à Lanriec. Mes parents possédaient une maison dans un lotissement à l'entrée du bourg. Vous savez, ces maisons des années soixante, toutes identiques et mitoyennes par deux. Mais, je ne sais pas si vous le savez, ce n'était pas la joie à la maison… pap… enfin, mon père buvait énormément et battait ma mère qui, elle aussi, s'était mise à boire… Heureusement, j'avais ma grand-mère, c'est elle qui s'est occupée de moi pour le lycée, les études, les frais et m'a donné sa deuxième voiture quand elle a décidé de la changer. Une Citroën Ami 8 ! C'était lors de mes dix-huit ans et je venais d'avoir mon BAC. Elle était fière de moi, elle était bien la seule…

— Vous n'êtes jamais parti habiter chez votre grand-mère ?

— Non. Je suis né à Concarneau et toute ma vie était là-bas, les copains, l'école, enfin tout quoi…

— Bien sûr.

Sa voix était plus ferme, à présent. Elle retrouvait son timbre.

— Je connaissais tout le monde et, à l'époque, il était facile de faire des petits boulots pour gagner un peu d'argent. La nuit, j'allais travailler sur le port pour débarquer la pêche, par exemple. C'était encore l'époque glorieuse. Pendant les vacances, je travaillais dans une société de peinture navale pour repeindre les chalutiers. C'était toujours des travaux difficiles, voire ingrats, mais ça payait bien et ça m'offrait une plus grande autonomie financière et surtout, je ne restais pas à la maison où la vie était devenue infernale.

— Mais, votre mère a-t-elle été se plaindre à la police ?

— Non. Jamais. Les femmes battues à l'époque, on n'en parlait pas beaucoup et elle buvait aussi... C'est pour cette raison que je m'étais fait "mon île secrète" pour m'y réfugier. Vous connaissez Concarneau ?

Phil secoua négativement la tête en avouant qu'il ne connaissait pas la ville dans le détail, par contre, il se tourna vers François qui approuva de la tête en précisant :

— Moi, je connais très bien Concarneau et les environs, y compris Lanriec. Et, comme vous, quand j'étais étudiant, il m'arrivait aussi d'aller débarquer la pêche des chalutiers sous la criée pour me faire un peu d'argent, alors je vous suis cinq sur cinq. Mais, c'était vingt ans avant vous et il y avait encore plus de travail, le port manquait vraiment de bras à l'époque ! Je me souviens, je me rendais le dimanche soir pour commencer à minuit au coup de sifflet ! Chaque équipe de dockers faisait le point des places disponibles devant chaque bateau à débarquer et nous étions pris aussitôt... Nous faisions une pause casse-croûte à quatre heures... et après, nous travaillions tant qu'il y avait du poisson dans la cale du bateau !

— C'était exactement ça, sauf que, vingt ans plus tard, ce n'était plus à minuit mais à vingt-trois heures trente et la pause à trois heures et demie, sinon, rien n'avait changé de ce que vous connaissiez.

Ces paroles de François eurent le mérite de détendre complètement Arnaud Kergloan, de le mettre en confiance et de l'intéresser à François qu'il avait ignoré depuis que Phil avait commencé l'entretien le matin. Ce fut la séquence souvenir et nostalgie… Ils échangèrent encore quelques instants sur cette période et la vie portuaire, avant de poursuivre… désormais à trois, unis par un même objectif.

— Le samedi soir, les habitudes étaient de sortir : bar de nuit d'abord et boîte ensuite. À Concarneau, tous les jeunes se retrouvaient toujours dans les mêmes endroits. Du côté des Sables-Blancs, dans le bar dancing “Le Perroquet” qui est devenu “Le Némo” par la suite, l'incontournable passage chez “Guite” aux “Korrigans” en ville, Avenue du Docteur Nicolas, lieux que vous avez peut-être connus aussi ?

— Tout à fait ! Nous allions aussi du côté du Cabellou où il y avait deux boîtes et ensuite à Trégunc, sur la route de Pont-Aven, quand ce n'était pas dans les grands dancings de la région, comme à “La Clé des Champs” à Cadol ou ailleurs…

— C'est ce que nous faisions effectivement ! confirma Kergloan avec un petit sourire qui lui échappa durant une fraction de seconde.

Après cette longue digression entre Arnaud et François, Phil revint tranquillement au sujet qui les concernait et à la date du drame.

— Ce samedi soir-là, j'avais rendez-vous avec des copains au Perroquet, aux Sables-Blancs. Ils n'étaient pas arrivés. Par contre, j'avais retrouvé une fille qui s'appelait Amélie Motreff, que j'avais déjà repérée plusieurs fois les semaines précédentes et avec laquelle j'avais échangé quelques mots et sympathisé. Elle était élève à l'école d'infirmières et en stage pratique à l'hôpital du Porzou de Concarneau. Nous nous étions pas mal rapprochés et j'allais lui proposer de partir ailleurs à son retour des toilettes. Comme je l'attendais, je me suis retrouvé face à quatre gars de Concarneau que je connaissais, hélas trop bien. Des connards qui se croyaient tout permis parce que c'étaient des fils à papa, qu'ils avaient du fric et que tout leur était dû.

— Ils vous ont provoqué ?

— Oui. Ils m'ont dit de laisser tomber la fille et de me casser, que je n'avais rien à faire là tant qu'ils étaient là… Mes copains n'arrivaient toujours pas et, à l'époque, il n'y avait pas de téléphone portable pour se joindre rapidement. Quand Amélie est revenue, ils l'ont invitée à venir s'asseoir avec eux ; après avoir hésité, n'osant pas refuser, elle les a suivis. Je suis allé au bar, j'ai pris un dernier verre. À un moment, j'ai vu qu'elle s'était retrouvée seule, je me suis approché rapidement d'elle et lui ai demandé de venir me rejoindre dehors, elle m'a répondu oui et je suis sorti avant elle. J'allais entrer dans ma voiture quand les quatre gars me sont tombés dessus à nouveau. Jacques, le plus costaud, le chef du groupe, m'a pris par le col, m'a mis un coup de boule et une grande claque et m'a donné deux minutes pour fiche le camp… Mon nez saignait. J'ai pris mon mouchoir, je suis monté dans ma voiture. Que pouvais-je faire, seul, face à cette brute et ses trois copains ? Je partais et, à cet instant précis, j'ai aperçu Amélie qui sortait. Le bar était juste au bord de la rue, je me suis arrêté, mais les gars se sont précipités pour frapper sur ma voiture et par les vitres, m'injurier et me hurler de me casser… pendant qu'un autre la ramenait dans le bar… Je suis parti… sans elle.

— C'est dégueulasse, soupira Phil.

— J'ai longé la côte, par le boulevard Katherine Wyllie, le quai de la Croix pour venir chercher la voiture de mes copains devant Les Korrigans. Mais, pas de voiture connue. Personne. Mon nez saignait toujours, j'étais mal, très mal dans ma tête et dans mon cœur. Je ne voulais pas rentrer chez moi, car je savais que mon père et ma mère étaient “à bloc”. Que la nuit serait explosive à moins qu'ils ne s'écroulent dans un sommeil comateux dû à l'alcool. Je me suis rendu au Cabellou, je suis passé devant les deux dancings, pas de trace des copains, je me suis donc réfugié dans “mon île secrète”, comme j'allais vous le dire tout à l'heure.

— C'est-à-dire ? demanda Phil.

Arnaud Kergloan se tourna alors vers François.

— Vous connaissez Le Cabellou ?

— Oui, bien sûr !

— Quand vous vous rendez à l'extrémité de la pointe et que vous empruntez une voie sans issue, tout au bout, il y a un fort qui date de Vauban et qui servait à protéger la baie de Concarneau.

— Oui, je le vois très bien.

— Quelques siècles plus tard, les Allemands ont eu la même idée. L'emplacement étant stratégique, ils ont construit plusieurs blockhaus, certains étaient à moitié enterrés, l'un d'entre eux était vaste, comprenait plusieurs pièces, il avait même été occupé à une époque par un couple de marginaux SDF, bien connus dans la ville de Concarneau. Et dans ce bâtiment en béton, j'avais installé dans une pièce, une paillasse, enfin un vieux matelas posé sur des palettes. J'avais toujours mon duvet dans le coffre de ma voiture. Quand j'avais le cœur en peine, et cela se produisait souvent, il m'arrivait fréquemment d'y aller passer la nuit…

— Vous le disiez à quelqu'un ?

— Comment ça ?

— Que vous vous rendiez souvent dans ce lieu pour y passer la nuit ?

— Nnnon… non. Je ne me souviens pas d'en avoir parlé, il faut savoir que cette casemate n'avait rien de reluisant. Parfois, pendant l'été, je dirais en juillet et en août, par beau temps, des groupes de jeunes se retrouvaient là, mais plutôt dans l'enceinte du fort, tout à côté. Ils y faisaient un feu et la fête. Il y a aussi une petite maison en pierre dans l'enceinte avec un toit en escalier tout en granit et ils y passaient la nuit en installant parfois une ou plusieurs toiles de tente et ils mettaient la musique à fond.

— C'était autorisé ?

— Non. Mais ça se faisait de temps en temps. Il n'y avait pas d'habitation à côté, à l'époque, alors ça ne dérangeait personne. Dans ce cas-là, je ne restais pas dormir au blockhaus.

— Réfléchissez cependant pour vous rappeler si une ou plusieurs personnes savaient que vous veniez vous retirer dans cet endroit, d'accord ?

— Oui, d'accord.

Cette interrogation l'interpella. Il tenta longuement de faire appel à sa mémoire, mais rien ne vint. Il promit d'y réfléchir à nouveau.

— S'est-il passé quelque chose durant la nuit ?

— Non. J'ai dormi et, au petit matin, je suis rentré chez mes parents à Lanriec. Ma mère dormait, complètement défoncée, dans le canapé du salon et mon père était allongé, tout habillé, en travers du lit de la chambre, dans le même état. Au nombre de bouteilles et de canettes vides sur la table de la cuisine, j'en avais déduit qu'ils avaient éclusé fort. Quand ils étaient totalement ivres tous les deux, ils ne se battaient pas… Je suis monté dans ma chambre à l'étage, j'ai fermé la porte à clef et je me suis couché à nouveau.

Phil et François imaginaient la situation et les scènes sordides, mais Arnaud Kergloan racontait cela de façon relativement détachée, comme si cela ne le concernait pas ou plus et se situait loin, très loin, dans le passé.

— Vos parents travaillaient ?

— Mon père était ajusteur et soudeur dans un atelier sur le port. Suite à un accident grave, il a été mis en invalidité. Il n'avait jamais accepté cette situation ni de se voir diminué. C'est là qu'il a commencé à boire exagérément par oisiveté et par déprime... Ma mère travaillait dans un magasin de marée, un grossiste qui commerçait beaucoup avec Rungis et les MIN des grandes villes. Mais, quand le mareyeur a fermé son magasin, elle s'est retrouvée au chômage et n'a plus jamais retrouvé de travail car, ensuite, les activités du port n'ont cessé de décliner. Quand la flotte de bateaux de pêche diminue, tout le reste suit, à commencer par la transformation du poisson dans les magasins de marée... La maison était payée, alors ils vivaient au jour le jour en “buvant” une grande partie de leurs revenus.

— Mais, votre grand-mère dans tout cela ?

— Mon père ne la supportait pas, il s'était fâché avec elle définitivement et l'avait mise à la porte. Elle était bien malheureuse de cette situation. Mais, elle n'y pouvait rien. Moi, je continuais à la voir car je l'aimais bien et je l'aime toujours autant. Ce qui m'est arrivé a dû être dur pour elle et mon grand-père aussi. J'ai toujours eu mal de leur avoir fait de la peine avec cette affaire invraisemblable qui m'a pourri la vie et dans laquelle je n'y suis absolument pour rien... Quant à ma mère, son addiction à l'alcool nous a séparés... Je ne lui en veux pas, mais c'est ainsi.

Là, contre toute attente, il se mit à pleurer doucement, se prenant la tête entre les mains, les coudes posés sur la table en bois. François et Phil arrêtèrent d'écrire et gardèrent le silence quelques instants avant de reprendre :

— Nous étions dimanche matin et vous êtes chez vous...

— Je me suis levé dans l'après-midi, j'ai pris une douche. Quand je suis descendu, ma mère était levée. Mon père avait certainement dû aller rejoindre des copains de bistrot car il n'était pas là. Nous avons pris un café et nous avons peu parlé. Je suis parti voir un de mes copains, route de Trégunc, à Douric-ar-Zin, ce n'était pas très loin de chez moi.

François approuva de la tête pour signifier qu'il suivait.

— Il m'a appris que, la veille, ils avaient changé d'idée dans l'après-midi de samedi et qu'ils étaient partis du côté de Quimper où une copine fêtait son anniversaire. Il était désolé de n'avoir pu me joindre pour me prévenir. Il ne voulait pas sortir le dimanche soir car il bossait le lendemain de bonne heure à Quimper. Nous sommes restés parler un peu…

— Lui avez-vous raconté votre mésaventure de la veille ?

— Non.

— Portiez-vous des traces du coup de boule de la veille ?

— Oui. Mais il ne m'a rien demandé. Je pense qu'il a dû se dire que c'était mon père qui m'avait frappé. Il connaissait la situation à la maison.

— Votre père vous frappait aussi ?

— Oui, rarement, mais c'est arrivé quelquefois, sans raison…

— Ensuite, qu'avez-vous fait ?

— Je suis passé à la criée du port de Concarneau. J'ai vu sur les tableaux qu'il y avait pas mal de chalutiers à débarquer la nuit même. Je me suis dit que j'aurais du boulot, je suis revenu à la maison pour mettre mes bottes, mes gants en caoutchouc et ma tenue dans le coffre de la voiture. J'ai mangé une boîte de cassoulet. Ma mère regardait la télé entre deux verres, au salon ; mon père n'était pas rentré. Une bouteille de whisky aux trois quarts pleine se trouvait sur la table de la cuisine, je l'ai prise en me disant que c'était autant que ma mère ne boirait pas. Je me suis rendu en ville et me suis arrêté prendre un pot dans un bar, Avenue Pierre Guéguin à Concarneau, en espérant y trouver quelqu'un de ma connaissance, mais je n'ai rencontré personne…

— Plus tard, je suis retourné au Perroquet, pour tenter de revoir Amélie Motreff pour laquelle j'éprouvais une réelle attirance. Elle était là avec une copine. Elle a semblé contente de me revoir et était désolée de ce qui était arrivé la veille.

— Elle connaissait les quatre gars ?

— Non, pas plus que ça, mais elle ne m'avait pas caché qu'elle en avait peur. Là, je me suis dit que je devais me lancer pour quitter les lieux et que, si elle l'acceptait, je l'invitais à aller en boîte ailleurs. Elle m'a répondu qu'elle était désolée pour ce soir, que ce n'était pas possible, qu'elle devait partir vers vingt-deux heures trente car sa copine était de service à l'hôpital de Concarneau au Porzou où elle était en stage. Cependant, elle voulait bien qu'on se revoie le vendredi suivant car elle allait avoir des horaires difficiles et des cours ardus durant cette semaine de stage qu'elle effectuait aussi au même hôpital que sa copine.

— C'est elle qui conduisait ?

— Non, c'était sa copine, elle n'avait pas de voiture ni de permis. Ses parents exploitaient une ferme du côté de Carhaix-Plouguer. Elle avait loué une chambre dans le quartier du Rouz, tout près de l'hôpital. Son stage se terminait fin juin, puis l'hôpital l'embauchait comme auxiliaire d'été pour juillet et août.

— Vous êtes resté un moment avec elles ?

— Oui. Nous avons bu quelques verres en plaisantant, elles étaient vraiment très sympas toutes les deux, et le courant passait bien entre Amélie et moi. Au fond de ses yeux sombres brillait de la malice. Ce que nous portons dans le cœur, parfois, s'entend mieux que ce que l'on dit avec des mots… Et je crois que je lui ai caressé le cœur sans même effleurer sa peau… Les yeux dans le vague, il rajouta : c'était sans doute cela séduire, s'immiscer dans le cœur de l'autre, le faire vibrer… J'éprouvais pour elle une admiration d'une violence singulière et je réalisai rétrospectivement que j'étais tombé immédiatement amoureux d'elle dès notre première rencontre. À l'heure indiquée, elles se sont levées pour partir.

— Comment était-elle ?

— Que voulez-vous dire ?

— Dynamique, boute-en-train, je ne sais pas moi… vous voyez ce que je veux dire, de quel style ?

— Oui, plutôt réservée, timide même, un caractère pas encore très affirmé, douce, attachante, très mignonne, globalement belle sans sophistication, je pense que c'était une grande sentimentale et qu'elle recherchait l'âme sœur. Ce qui correspondait bien à mon état d'esprit du moment.

— D'accord, je vois. Et alors ?

— Je suis sorti pour les raccompagner à leur voiture et là, en revenant vers la mienne, je suis retombé sur les connards de la veille. Les deux filles sont parties et Jacques, le meneur, est revenu vers moi en gueulant « Je t'avais dit que je ne voulais plus te voir avec ces filles ! Elles ne sont pas des nanas pour toi, t'es bien trop con et elles n'ont rien à foutre d'un pauv'type comme toi… » etc. etc. et j'en passe, pour terminer par « Si tu remets les pieds ici, je t'éclate la gueule, t'as deux minutes pour déguerpir ! »

— Vous les connaissiez bien ?

— Oui, depuis le lycée, beaucoup de types comme moi, sans défense et plutôt faibles, leur ont servi de souffre-douleur… ils se prenaient pour des terreurs. En dehors du lycée, ils avaient le coup-de-poing facile dans les dancings de la région et se déplaçaient toujours en bande, au moins tous les quatre. Un soir, Jacques avait été à l'origine d'une bagarre rangée contre une bande de Lorientais et il avait même été blessé. La raison en était simplement qu'il avait décidé que les Lorientais n'avaient pas à venir draguer sur ses terres à Concarneau !

— Y avait-il eu des suites ? Je veux dire, judiciaires…

— Non, son père, comme les parents des autres, avaient dû passer par là et tout avait été classé.

— Ils n'ont donc jamais eu d'ennuis… officiellement ?

— Pas que je sache, leurs parents étaient des notables de la ville, alors… J'ai donc pris ma voiture et j'ai refait le même itinéraire que la veille, passage devant Les Korrigans, les deux dancings du Cabellou… J'étais dégoûté, écœuré, je me suis rendu dans mon blockhaus, au départ, simplement pour m'allonger une heure avant de venir sur le port travailler et j'ai eu un coup de cafard. En prenant mon duvet dans le coffre de ma voiture, j'ai vu la bouteille que j'avais subtilisée à ma mère, je l'ai emportée, j'ai bu quelques gorgées et je me suis allongé.

— L'aviez-vous bue entièrement ?

— Non, juste quelques gorgées, comme je viens de vous le dire et je l'ai posée sur le sol près de ma paillasse, à côté de ma pile électrique... Inutile de vous dire qu'il n'y avait ni eau ni électricité dans le blockhaus.

— Cela vous arrivait-il souvent de boire de l'alcool ?

— Non, j'en connaissais trop les ravages. Je n'ai jamais été ivre à rouler par terre, mais je me suis parfois un peu laissé aller.

— Comment êtes-vous quand vous avez bu ?

— Doux, gentil, amoureux de tout, rêveur...

— Agressif ?

— Jamais, en aucune situation. D'une façon générale, j'étais plutôt *peace and love*, même si ce n'était plus du tout l'époque, je voulais tellement que tout le monde s'aime et j'aimais tout le monde.

— Et ensuite.

— Ce soir-là, je me sentais mieux et je me suis endormi profondément, laissant passer l'heure de me rendre sur le port. Dans la nuit, j'ai été brutalement sorti de mon sommeil par le faisceau d'une lampe électrique, je me suis relevé sur un coude, un type m'a pris par le col, m'a aligné un grand coup-de-poing dans la figure et deux ou trois autres sur la tête et le corps, je me suis recroquevillé dans mon duvet et puis plus rien…

— Le type était parti ?

— Oui. Ils étaient au moins deux car j'ai entendu celui qui se tenait à l'entrée, mais que je ne voyais pas, dire : « C'est bon, tirons-nous ! »

— Quelle heure était-il ?

— Aucune idée, d'autant que j'étais incapable de mesurer mon temps de sommeil précédent. J'étais sonné et j'ai remonté le plus possible mon duvet, car je n'avais pas très chaud, je ne me sentais pas bien et je me suis endormi ainsi jusqu'au matin. J'ai ouvert l'œil juste avant l'aube. J'avais mal partout. Ça me pulsait en stéréo dans les côtes et dans la tête, lancinant, comme une migraine ; j'étais carrément en quadriphonie, un concentré de toute la misère du monde. J'étais mal. Je suis resté là, sans bouger, à repenser aux événements de la nuit. Je n'avais pas rêvé, ce n'était pas non plus un cauchemar…

Il s'arrêta pour réfléchir quelques secondes :

— Quand il fit grand jour, je me suis totalement réveillé, j'ai tout de suite regardé vers le sol pour localiser ma bouteille et ne pas oublier ma lampe et c'est là que j'ai vu… Amélie… que j'avais quittée aux Sables-Blancs la veille et que je devais revoir le vendredi suivant. Elle était là, allongée sur le sol, au pied de ma paillasse, blanche, livide, cadavérique. Son visage et ses mains étaient écorchés et ensanglantés. Je l'ai touchée… Elle était froide. Elle était pieds nus, ses chaussures se trouvaient à côté d'elle. Nous étions en été, elle ne portait pas de collant, simplement une jupe courte et un pull léger, également tachés de sang. Au vu de sa position, j'ai remarqué que son soutien-gorge était apparemment dégrafé sous son pull. Sinon, elle était habillée comme lorsque je l'avais quittée. J'ai eu très peur, j'ai paniqué, je me suis levé, j'ai roulé mon duvet, j'ai retrouvé la bouteille…

— Comment était-elle ?

— Vide !

— Pourtant vous ne l'aviez pas bue, m'avez-vous dit…

— Non, je vous le jure. Elle avait probablement été renversée. Ma pile se trouvait sous une palette. J'ai tout ramassé, enjambé le corps, je me suis précipité à ma voiture que je garais toujours à côté, j'ai tout mis dans le coffre et je suis rentré à la maison.

— Sans prévenir les secours ?

— Oui. J'avais bien réalisé qu'elle était morte ! Et j'imaginais, dès lors, que je serais le seul type accusé dans cette affaire…

— Et alors, qu'avez-vous fait ?

— J'ai garé ma voiture devant chez mes parents comme je le faisais d'habitude et je suis monté dans ma chambre pour m'enfermer. J'étais fou, je ne comprenais rien de ce qui s'était produit, je luttais pour tenter de réfléchir, de retrouver une once de raisonnement, de logique, mais rien ne venait, je ne m'expliquais rien, je n'y arrivais pas, tout était incroyable, impossible, un vrai cauchemar ; que s'était-il passé ?

— Vous étiez-vous débarrassé de votre duvet, de votre bouteille vide, de votre lampe ?

— Non, je n'avais aucune raison de le faire. Il s'agissait de mes affaires et je n'avais rien commis de mal, tout était dans le coffre de ma voiture... Quand, quelques heures plus tard, la police s'est présentée chez mes parents, je ne comprenais pas comment elle avait fait pour se rendre aussi vite chez moi. Ma mère leur avait montré ma voiture, les policiers m'ont demandé de venir et d'ouvrir le coffre. Ils ont saisi tout ce qu'il contenait et l'ont mis dans un grand sac en plastique, m'ont passé les menottes et m'ont ordonné de les suivre... Ma vie s'est arrêtée là.

Ils gardèrent le silence durant de longues secondes, puis Phil reprit :

— Avez-vous identifié votre agresseur ?

— Oui, pour moi, c'est Jacques et un de ses trois copains, je ne sais pas si les deux autres attendaient dehors...

— Selon vous, qui était avec lui à cet instant précis ?

— J'ai cru que c'était David Minven.

— Comment pouvez-vous l'affirmer ? Vous l'avez vu ?

— Non, car il me braquait une très puissante lampe-torche sur les yeux, impossible de le voir, il n'a pas parlé ; seul, son copain, que je crois être David Minven, a prononcé quelques mots comme je vous l'ai dit.

— Vous ne pouvez donc affirmer, de façon “certaine et non discutable”, que ce pouvait être lui et un de ses copains et personne d'autre du même gabarit ?

— Mais qui voulez-vous que ce soit ? Il ne peut y avoir personne d'autre, ce n'est pas possible ! On ne se promène pas là, par hasard, la nuit !

— Mais, alors, comment expliquez-vous cette situation ?

— Depuis ce jour, je n'ai jamais arrêté d'y penser. Pour moi, quand je suis parti, Jacques et ses copains se sont rendus chez la fille et l'ont attendue près de chez elle.

— Vous croyez qu'ils savaient où elle habitait ?

— Elle m'avait donné son adresse, elle pouvait parfaitement l'avoir donnée à ces derniers également.

— Oui, mais, elle les craignait, nous avez-vous dit.

— Cela n'empêche rien. Ils sont venus l'attendre, l'ont embarquée, après l'avoir fait boire, l'ont violée, elle a dû crier, ils l'ont donc étouffée pour la faire taire, bref, ça s'est mal terminé et ils sont venus, peut-être par hasard, au Cabellou, pour se débarrasser du corps en envisageant de le jeter à la mer, par exemple. Ce serait seulement là, en arrivant sur les lieux, qu'ils auraient reconnu ma voiture, ceci leur offrait une occasion exceptionnelle de me faire porter le chapeau…

— Vous nous avez bien dit n'avoir parlé à personne de votre coin secret, ni à ces quatre types, ni à cette fille ?

— Oui, je suis formel. Je n'allais pas me vanter que je venais me réfugier dans cet endroit sordide pour échapper à l'enfer de la maison et tenter parfois de faire le vide en moi. Vous imaginez ma vie ? Pas de quoi en être fier ! Je me répète mais, je reste persuadé, pour ne pas vous dire certain, qu'ils sont d'abord venus par hasard pour jeter le corps à l'eau, sans être vus… Là, ils ont découvert ma voiture. C'est ce qui leur a fait changer leur plan et les a considérablement arrangés. Du coup, ils n'étaient plus inquiétés et moi, je prenais tout dans la tête, la preuve d'ailleurs, j'ai tout pris…

— Voyez-vous d'autres explications ?

— Non. Aucune ! Et il ne peut pas y avoir d'autres hypothèses, avec personne d'autre, vous m'entendez ? Personne n'était au courant du contexte relationnel qui faisait que Jacques et ses connards me connaissaient et eux seuls savaient que je m'intéressais à la fille. C'est un triangle qui relie ces trois points et personne d'autre ne vient interférer. Cette affaire est simple et je n'ai jamais cessé de le dire, de le crier… Ne cherchez pas ailleurs, tout est là et je ne cesse d'y penser depuis vingt ans !

— Mais, tout de même, quand il y a eu le procès et la reconstitution...

— Il n'y a pas eu de reconstitution, je m'y opposais farouchement. D'abord, parce que je n'avais rien fait, je ne voyais pas ce que je pouvais reconstituer... et surtout, ensuite... plus compliqué, le meurtre s'est produit en juin 1987. Rappelez-vous, cette terrible nuit du 15 octobre 1987 où une tempête, d'une extrême violence, a ravagé le sud de la Grande-Bretagne, l'Ouest de la France et la côte ouest de l'Espagne et du Portugal.

— Oui, je m'en souviens très bien, approuva François.

— Un des coins qui a pris le plus est la côte sud de la Bretagne, et Concarneau en particulier. La pointe du Cabellou, site résidentiel de la ville, nichée dans des pins, se réveille défigurée. Tous les pins sont au sol ou affalés sur les maisons. La pointe où se trouvent les blockhaus est en vrac. Dans les semaines qui ont suivi, tout a été enlevé et nettoyé. De ce fait, la ville décide d'ensevelir chaque casemate afin que la verdure les recouvre et que ces “verrues de béton” ne défigurent plus le paysage, notamment pour les voyageurs venant par la mer... Tout l'espace est refait, de jeunes pins sont plantés et l'accès est modifié pour les voitures qui ne peuvent plus venir aussi loin qu'avant. Résultat, je suis fait, refait et bien baisé sur toute la ligne, pour arranger le tout ! C'est incroyable, mais depuis le début de cette affaire, tout est contre moi et s'acharne sur moi, alors que je n'ai rien fait. Vous m'entendez ? JE N'AI RIEN FAIT !

L'instant était tragique. Phil et François reconnaissaient que des concours de circonstances malheureux n'avaient sans doute rien simplifié, mais que, malgré cela, il restait toujours possible de découvrir et de prouver certaines choses.

Ils parlèrent encore longuement en reprenant chaque point des propos d'Arnaud qui avaient été enregistrés sur le magnétophone de François et sur le procès-verbal enregistré par Phil. Trois nouvelles heures venaient de passer quand ils décidèrent de conclure pour la journée, considérant avoir fait le tour de la situation ; les OPJ détenaient suffisamment d'informations à vérifier. Les matons reprirent en charge Arnaud Kergloan. Le scepticisme régnait autant du côté des OPJ que du détenu. En quittant les lieux, ils évitèrent d'appeler le directeur de la prison, chargeant simplement un maton de le remercier de son accueil.

Phil au volant, François côté passager, ils restèrent un long moment silencieux en quittant la prison et la ville de Brest, pour rejoindre la voie express qui les conduisait à Quimper. Ce n'est qu'à la hauteur de Plougastel-Daoulas que François parla le premier :

— Qu'en penses-tu, Phil ?

Phil fit une petite moue dubitative. Il continuait à regarder la route devant lui, toujours absorbé par cette journée intense. Puis, il tourna rapidement la tête vers François :

— Et toi ?

— Je ne suis pas loin de penser comme le directeur de la prison. Son histoire tient debout, mais je vois mal les gars venir au Cabellou pour remettre le corps précisément où se trouvait Arnaud. Ce type n'est pas idiot et s'accroche à cette hypothèse.

— Je sais, j'y pense aussi. Mais on ne me fera jamais croire que ce type est un meurtrier. S'il avait vraiment violé la fille et que ça avait mal tourné, il aurait commencé par tout récupérer pour ne laisser aucune trace et aurait filé chez lui dans la nuit sans attendre le grand jour ! Au contraire, il garde toutes les preuves qui sont contre lui dans le coffre de sa voiture… S'il était vraiment coupable, la première chose qu'il aurait faite, aurait tout de même été de se débarrasser du duvet et du reste, non ? Personne ne pouvait faire le rapprochement entre ce lieu et lui. À quelle heure a été estimée la mort déjà ?

— Attends, je reprends les notes du dossier… Le légiste l'a fixée entre minuit et une heure du matin.

— Donc, c'est bien ce que je dis, il n'aurait pas attendu le grand jour !

— Sauf, s'il était plus bourré qu'il ne le dit, car la bouteille qui se vide toute seule, faut voir…

— Mais quel intérêt avait-il à vouloir la violer ? Ça ne colle pas, ce sont deux romantiques, ils voulaient se revoir, s'étaient donné rendez-vous ; la relation allait se mettre en place entre eux, tout naturellement, comme pour la plupart des jeunes.

— Ouais. Je sais, c'est aussi ce que je me dis.

— Écoute, François, il n'est pas tard, à dix-huit heures, on peut être à Quimper, je serais partant de pousser tout de suite jusqu'à Concarneau. Toi, tu connais les lieux, moi pas. J'aimerais effectuer le circuit emprunté par Arnaud Kergloan, sinon, je ne peux pas me faire mon propre scénario, j'ai besoin de voir, ce sera plus clair dans ma tête.

— Oui, tu as raison, allons-y car, moi aussi, j'ai besoin de concrétiser les choses, je connais Concarneau, mais pas tous les endroits évoqués précisément.

Vers dix-huit heures trente, la Mégane des deux OPJ descendait la rue qui longe la plage des Sables-Blancs. Passant devant l'hôtel-restaurant éponyme, François se permit une petite réflexion pour détendre Phil :

— Si un jour tu veux te faire plaisir, viens donc avec ta famille dans ce resto, c'est vraiment très bien... bon accueil, bonne table et, de la salle, la vue est magnifique sur la plage et la baie...

Phil tourna rapidement la tête vers le nautile qui servait de logo à l'établissement mais ne releva pas les propos de son collègue, toujours trop préoccupé par la découverte des lieux. Quelques centaines de mètres plus loin, François demanda à Phil de s'arrêter sur la droite, juste avant le dernier bâtiment qui donnait sur la plage. Ils sortirent de voiture.

— Voilà Phil, c'est là.

— Mais je ne vois pas de dancing ni de bar !

— Non. Je n'ai rien voulu dire tout à l'heure, mais ils n'existent plus ! Vingt ans sont passés et beaucoup de choses ont changé depuis !

— Et merde ! Ça n'arrange rien. Bon, si j'ai bien compris, l'altercation s'est passée ici devant ce bâtiment en pierre apparente ?

— Oui. Reprenons notre voiture et suivons le boulevard Katherine Wyllie.

Malgré ses soucis du moment, Phil ne put s'empêcher de s'exclamer devant la merveilleuse vue que la route côtière leur offrait. Ils arrivèrent Place de la Croix, longèrent le quai Pénéroff. Phil ne cacha pas qu'il aimait venir en famille faire une promenade, de temps en temps, le dimanche, à cet endroit et dans la ville fortifiée dont le beffroi dominait l'entrée. Ils tournèrent à gauche pour revenir par l'avenue du Docteur Nicolas, parallèle à la rue qu'ils quittaient, mais à sens unique.

François lui indiqua de s'arrêter devant le fameux bar Les Korrigans.

— Voilà un haut lieu de la vie concarnoise depuis un demi-siècle ! lui lança-t-il.

— D'accord. Vu ! Ensuite, Arnaud s'en va au Cabellou. Allons-y !

François aimait, par dessus tout, cette ville de Concarneau. Pour bénéficier d'un parcours plus pittoresque, il proposa à Phil de longer le port plutôt que de sortir de la ville.

Ils passèrent devant La Calypso du commandant Cousteau, en rénovation dans un chantier. Dépassant du hangar, l'emblématique proue métallique était séparée de la coque en bois et immobilisée à un mètre devant, l'ensemble de la coque semblait en bien triste état.

Plus loin, à quai, l'Alcyone, bateau aux mâts à aile ou turbovoile, toujours du groupe Cousteau-Péchiney, hébergeait quelques personnes chargées de la surveillance des travaux de La Calypso.

François évita de faire le moindre commentaire, il sentait bien que Phil voulait rester concentré sur son enquête. Il ne dit rien non plus quand, face à eux, tout au bout du quai, se dressa le fameux restaurant “La Coquille”, une des très bonnes tables de la ville. Il n'évoqua pas plus le fameux voilier de course Véolia de Roland Jourdain qui attendait à quai, tranquillement, avant de se lancer bientôt dans la course autour du monde en solitaire et sans escale du Vendée Globe. François pariait déjà, intérieurement, qu'il devrait se classer dans les trois premiers, avec ses réputés voisins cornouaillais de La Forêt-Fouesnant, Michel Desjoyeaux sur Foncia, Jean Le Cam sur VM Matériaux, sans oublier Armel Le Cléac'h sur Brit Air, à moins que Vincent Riou sur PRB ne récidive son résultat de la précédente course de 2005… Ces excellents skippers étaient ses favoris et, dans quelques mois, il suivrait de près leurs exploits… Mais il miserait beaucoup aussi sur cette femme, la britannique Samantha Davies sur Roxy qui résidait non loin de là, à Trégunc. Ce skipper anglais lui rappelait Mac Arthur : de la graine de championne, sans aucun doute…

Ils quittèrent la zone portuaire pour laisser, sur leur gauche, les chantiers navals qui procédaient à la construction de plusieurs remorqueurs pour différents ports de France. Sur leur droite, un chantier naval s'était spécialisé dans la construction de bateaux haut de gamme, juste à côté du slipway sur lequel plusieurs chalutiers patientaient pour se refaire une beauté tandis que d'autres attendaient leur déconstruction dans le cadre de la réduction de la flotte sur le plan européen.

Ces lieux offraient une situation pour le moins paradoxale… La maternité d'un côté, la morgue de l'autre…

À présent, la route montait. En haut de la côte, aux feux tricolores, François commenta :

— Là, nous arrivons dans le quartier du Rouz, où se trouvait donc la chambre de la jeune Amélie Motreff. Et, un peu plus loin, tu vois sur la droite, l'hôpital du Porzou, rattaché à l'hôpital de Cornouaille à Quimper, côté entrée, d'autres bâtiments s'étendent derrière, dans le parc. C'est là qu'elle travaillait.

— Effectivement, ce n'est pas très loin, elle devait s'y rendre à pied, ce qui peut aussi expliquer que les quatre types pouvaient parfaitement l'avoir prise en charge vers ici.

— Oui, soit en passant par hasard, soit en l'attendant près de chez elle car, dans le dossier, ce qu'Arnaud n'a pas dit, il est précisé que cette jeune fille est venue avec sa copine jusqu'à l'hôpital et l'a même accompagnée dans la salle de pause où elle aurait pris un verre avec divers collègues et serait repartie à pied chez elle. Elle disparaît entre l'hôpital et chez elle.

— Elle ne serait pas rentrée ?

— Aucun de ses voisins ne l'a entendue rejoindre son logement ce soir-là. Dans l'enquête de voisinage, tous prétendent qu'elle était très discrète et qu'ils ne l'entendaient pas toujours…

— Ouais, bien sûr.

— Juste après, nous passons à hauteur du collège et du lycée Pierre Guéguin et nous arrivons dans le quartier de Douric-ar-Zin où habite le copain cité par Arnaud.

— Oui, je m'en souviens. Est-ce qu'on peut se rendre jusqu'à la maison de la famille de Kergloan avant d'aller à la pointe du Cabellou ?

— Pas de problème, tu vas tout droit jusqu'au rond-point et je t'indique l'endroit.

Quelques instants après, ils prenaient la direction du bourg situé à un kilomètre, mais tournèrent à gauche bien avant afin de rejoindre la cité où résidaient autrefois les Kergloan.

Ils s'arrêtèrent quelques secondes devant la maison qui avait appartenu aux parents d'Arnaud, aujourd'hui occupée par une autre famille. Toutes les maisons étaient jumelles, d'un type d'architecture classique dans les années soixante.

François en profita pour expliquer que la commune de Concarneau avait fusionné avec les deux communes voisines : Beuzec-Conq en 1945 et Lanriec en février 1959, ce qui permettait à la ville, actuellement, de franchir les vingt mille habitants. Depuis 1994, la ville de Concarneau accueillait même le siège de la communauté de communes Concarneau-Cornouaille qui regroupait neuf autres communes avoisinantes, cela représentait globalement, désormais, un bassin de population de l'ordre de cinquante mille habitants.

Ces critères de population permettaient de mieux se placer en terme d'aides territoriales voire européennes, ce qu'il ne fallait pas négliger sur le plan économique.

En sortant de la cité, il lui proposa de passer par le bourg situé à quelques centaines de mètres, question de lui montrer la magnifique église Notre-Dame de Lorette (XIVe-XVe siècle) dans son enclos de verdure. À cet instant, il rajouta :

— Si j'avais un peu de temps, j'y rentrerais bien, mais nous n'en avons pas… Je l'aime beaucoup, j'y suis venu, à plusieurs reprises, assister à des concerts.

Au centre du bourg, ils tournèrent à droite, entre la boucherie et le bar-restaurant-boulangerie, pour reprendre la route en direction du Cabellou, distant de moins de deux kilomètres de là.

En réalité, tout le circuit de la tragédie qui s'était produite en 1987, était concentré dans un rayon de quelques kilomètres… Avant de descendre vers la première grande plage, ils remarquèrent, sur leur gauche, le dancing Le Bounty.

— Celui-là est toujours présent et demeure inchangé depuis des décennies. L'autre dancing, évoqué par Arnaud, n'existe plus non plus, il a été transformé en logement.

— Décidément !

La plage s'étendait à présent sur leur droite et offrait une vue, au-delà de l'anse de Kersaux, sur la piscine municipale, le bois du Porzou puis, à suivre, on remarquait l'hôpital, les bâtiments du long séjour et surtout l'installation du centre de rééducation fonctionnelle, sous l'angle arrière avec, en contrebas, une petite crique de sable fin, la petite plage de Porz-Gwir. Plus loin, des résidences particulières, remarquablement situées face à la baie, et l'École de Formation aux Métiers de la Pêche…

De l'autre côté du chenal d'entrée du port, on pouvait admirer les remparts de la Ville Close et toute la ville de Concarneau.

Ils poursuivirent leur route.

— Tu vois, Phil, là, au bout de la plage, ces bâtiments blancs abritaient un superbe hôtel-restaurant quatre étoiles. Il datait de la période du développement du tourisme balnéaire des années trente. Il a été transformé en logements de standing…

— Eh bien, les changements continuent ! Vers où dois-je aller ?

— Poursuis sur la même route, tout droit.

— Et cette chapelle sur la gauche ?

— En fait, la chapelle Saint-Fiacre que tu vois a été ramenée de Riec-sur-Belon à peu près à la même période et implantée à cet endroit.

Au carrefour suivant, François lui demanda d'emprunter l'allée du fort, malgré le panneau « *Voie sans issue* ». Quelques centaines de mètres encore et ils s'arrêtèrent sur un petit parking pouvant accueillir cinq ou six voitures seulement…

— Voilà, nous sommes sur les lieux du meurtre. Bien sûr, il faut imaginer, en 1987, de superbes pins parasols, pas de parking. Les gens y venaient en voiture pour pique-niquer ou simplement se promener. Dans l'ordre, sur la droite, une grande propriété d'une institution religieuse utilisée comme colonie de vacances, "La colonie Saint-Georges", pendant des années et notamment en 1987 ; aujourd'hui, je ne sais pas si les bâtiments ont le même usage…

— Attends, je vais dessiner les lieux, comme cela, je les visualiserai mieux, dit Phil en sortant son bloc et son crayon de sa mallette.

— Donc, longeant la propriété, l'espace qui a été replanté après la tempête et qui donne sur une côte rocheuse. Mais, à partir de là, sur l'extrême droite, il est possible de descendre sur une superbe petite crique de sable fin, bien abritée, à laquelle la colonie avait un accès direct à l'époque ; il y a d'ailleurs une petite chapelle à hauteur de cette crique sur le terrain de la colonie.

— Pouvons-nous nous y rendre ?

— Allons-y !

Phil et François descendirent sur les rochers, passèrent sous une sorte de pont formé par des roches appuyées les unes contre les autres de façon chaotique et accédèrent à la fameuse crique de sable blanc et fin.

Sur leur droite, le mur de clôture de la colonie était dominé par un grand cyprès et le squelette d'un immense arbre mort dont le tronc sans écorce et ses quelques branches décharnées brillaient sous le soleil. De nombreux photographes aimaient le prendre en cliché dans ce magnifique cadre. François remarqua que le portail d'accès de la colonie à la plage avait été muré par des parpaings. Et, à l'extrémité de la crique, on remarquait toujours la belle petite chapelle privée située dans l'enceinte du parc et plus particulièrement le pan triangulaire en pierre de cette construction moderne, juste derrière le mur de clôture.

Phil s'aperçut alors que, par la mer, la ville n'était pas très éloignée de l'endroit où ils se trouvaient, tout comme toutes les parties droites du chenal d'accès au port c'est-à-dire Le Rouz, Le Porzou et les autres quartiers côtiers de la baie. Ils revinrent à l'espace replanté après la tempête.

— Là, sous l'herbe, une casemate enterrée, que l'on devine tout juste, montra François du doigt.

— C'est là, que… ?

— Non, pas du tout, c'est l'autre, la plus grande. Viens par ici, elle est très imposante et, malgré la terre qui a été déposée, il reste encore un grand pan de béton bien visible, côté terre, et totalement apparent, côté mer, mais dont l'ouverture principale a été murée. À l'époque quand tout était ouvert, l'intérieur du blockhaus offrait aux visiteurs une vue imprenable.

François s'arrêta devant une grande colline d'où émergeait très nettement un pan de béton recouvert de tags et de graffitis.

— Voilà, si on enlevait la terre à cet endroit, on retrouverait l'entrée que devait emprunter Arnaud, mais on ne distingue presque plus rien à cause de ce remblai et de cette végétation.

— Effectivement ! Ah, ils sont marrants à la télé, quand ils nous montrent des séries policières sur les affaires classées. Pour eux, tout est toujours "comme c'était avant", quand ils passent les séquences du passé en noir et blanc ! Pour nous, la réalité est tout autre, il n'y a presque plus rien qui correspond, précisément, aux lieux tels qu'ils existaient au moment du drame !

— Ben, oui. La vie a continué, tout change ! Nous pouvons monter sur le sommet si tu veux mais, avant, passons, par ce chemin de terre entre ces deux casemates, car voici devant nous, le fameux fort construit par Vauban pour défendre l'entrée de la baie de Concarneau. De l'autre côté de l'entrée de la baie, là-bas, au loin, c'est la pointe de Beg-Meil dont nous apercevons bien le sémaphore. Une batterie de canons de chaque côté et rien ne passe, personne ne pouvait entrer dans la baie ni au port !

Phil s'arrêta quelques instants pour lire la plaque explicative placée à l'entrée pour informer les visiteurs du site. Il vit ainsi qu'il avait été érigé en 1746 en forme de fer à cheval, ses parapets de deux mètres d'épaisseur offraient six embrasures tournées vers la mer. Sur la gauche en entrant, le corps de garde était tout en granit, y compris "le toit en escalier" avec sa guérite et son magasin de poudre. Il nota encore qu'en 1794, vingt-quatre canonniers servaient quatre pièces de trente-six. Inadapté, plus tard, au XIX^e^ siècle, il fut rapidement abandonné. Cette construction était désormais classée monument historique depuis 1962.

Pour François, ce fort faisait partie des particularités qui lui faisaient vraiment aimer cette pointe du Cabellou.

Ses lignes avaient résisté aux trahisons conjuguées de l'homme et de la nature. Il avait survécu aux périodes d'abandon, de décrépitude, de guerre, à l'indifférence de ces générations qui ne se souciaient pas de sauvegarder leur patrimoine. Il se réjouissait que l'on trouvât encore un peu partout sur la côte de telles parcelles de grâce… quand on savait les regarder. Pour lui, ces masses inébranlables sur lesquelles l'éternité semblait devoir glisser comme la goutte d'eau sur le marbre.

Ils marchèrent sur l'herbe en faisant le tour intérieur de l'enceinte fortifiée. Par une embrasure, ils voyaient l'épaisseur de deux à trois mètres de la muraille – comme celle de la Ville Close – et, à l'extérieur, la côte sauvage… Que de la roche sur laquelle les assauts de la mer se répétaient sans relâche…

Des oiseaux de toutes les espèces se perchaient çà et là, mouettes et goélands se laissaient porter lentement par le vent léger, certains semblaient ricaner. On apercevait quelques espars, des cordages emmêlés, tombés du pont de bateaux ballottés au gré des coups de vent. L'air était doux. Comme une caresse salée.

Leur regard se perdait au loin. Des bateaux traçaient leur route vers le large. Le bruit des vagues paraissait leur parler de bonheur.

Ils regagnèrent la sortie. Située juste à côté des remparts, sur la droite, un autre blockhaus enterré dont la façade d'où devaient sortir des canons durant la dernière guerre, donnait sur le grand large, face à l'archipel des Glénan.

— Bon, je crois que j'ai tout noté, mais ce n'est pas du gâteau… conclut François, en regardant ce plan, je me demandais si, hormis par la route, on peut arriver par la mer…

— Non, trop risqué, trop de rochers et trop compliqué, surtout de nuit ! Les types sont venus en bagnole jusqu'ici…

— Donc, tu penches aussi pour l'hypothèse selon laquelle le corps aurait été transporté ici après le drame ?

— Non, ce n'est pas ce que j'ai voulu dire. Si ce n'est par Arnaud qui a fait le coup en venant ici avec Amélie tout simplement, ce qui me paraît être la thèse la plus simple et donc la plus probable, son corps n'a pu être amené que par la route. C'est mon avis.

— On n'a pas fini ! lâcha Phil finalement en guise de commentaire.

Cette réflexion laconique et spontanée reflétait assez bien l'impression générale des deux OPJ.

En revenant vers leur bureau à Quimper, Phil était contrarié. Il s'était fait son circuit dans sa tête. Il avait imaginé les lieux du meurtre et surtout pouvoir y accéder facilement, y compris à la pièce où se réfugiait Arnaud épisodiquement. La réalité était bien différente et bien décevante. Ils n'avaient pas d'autre alternative, ils devraient faire avec les moyens du bord… Mais il lui vint une pensée :

— Finalement, ce cas est assez unique et intéressant. Le fait d'avoir recouvert les blockhaus de terre peut, à première vue, paraître un inconvénient, mais, devient un avantage ensuite car, finalement, la scène de crime a été relativement protégée !

— Oui, c'est vrai, mais nous avons intérêt à avoir de sacrées billes pour obtenir l'autorisation d'enlever la terre ! Il faudra que le jeu en vaille la chandelle !

— Tout dépendra de ce que nous apporteront les spécialistes, au vu des analyses qu'ils pourront effectuer…

# V

*Mercredi 10 septembre 2008.*

Dès la première heure, ils rendirent compte à leur patron, Yann Le Godarec. François tenta de masquer son sentiment. Phil se montra convaincant, laissant espérer que certaines vérifications pouvaient réserver des surprises. Mais qu'un énorme travail de rapprochement entre les éléments du dossier et les propos recueillis auprès d'Arnaud Kergloan était à réaliser.

Avant de mettre en place cet état, ils avaient pris rendez-vous avec le greffier afin d'examiner ce qui restait comme scellés de cette affaire. Ils priaient pour qu'ils en retrouvent les plus déterminants.

Quand Phil et François se présentèrent et réclamèrent ceux-ci, le greffier ne put s'empêcher de s'exclamer :

— Décidément, cette affaire est incroyable ! Je n'ai encore jamais vu une chose pareille ! Figurez-vous qu'il y a une dizaine d'années, je les avais tous rassemblés et avais prévu de les faire incinérer et il y a eu le rebondissement avec cette association. Ouf ! J'avais bien fait de tout garder, toutes les personnes concernées en ont été ravies ! Et voilà que, pas plus tard que la semaine dernière, j'ai réuni une nouvelle fois les éléments pour les faire transporter à l'incinérateur de Briec, le mois prochain ! Et aujourd'hui vous vous pointez ! C'est fou, non ?

— Un sort a été jeté sur les scellés de cette affaire et ceux-ci ne veulent pas disparaître avant d'avoir livré leur secret, voilà tout ! dit François en riant.

— Oui, je crois bien ! Mais ne nous laissons pas sombrer dans l'ésotérisme ! Suivez-moi, on y va...

En chemin, François se rappela que, normalement, le greffe devait procéder à la destruction des scellés six mois à un an après le jugement définitif. Ils avaient la chance dans ce dossier d'avoir affaire à un greffier particulièrement perspicace qui avait jugé qu'il s'agissait bien d'une "affaire délicate" au point de prendre sur lui de ne pas procéder trop tôt à cette destruction, et grand bien lui en avait pris une première fois et, à présent, encore... Il s'en félicitait.

Ils le suivirent dans d'interminables couloirs, jusqu'aux endroits les plus reculés et les moins connus de tous. Juste avant d'arriver à destination, François lui demanda :

— Avez-vous pu "tout" conserver depuis le départ ?

— Ça, je ne saurais pas vous le dire, mais "presque tout" sûrement, pour les raisons que je viens d'évoquer.

Ils s'arrêtèrent devant un grand carton vierge

portant une affichette écrite à la main « *Incinérateur de Briec, en octobre* ».

— Vous voyez, je ne vous mentais pas ! Celui-ci ne contient que l'affaire qui vous concerne, vous pouvez l'emporter.

Phil et François l'ouvrirent afin de découvrir tout de même ce qui était conservé dans des sachets en nylon, spécialement affectés aux scellés et référencés.

Il y avait le fameux duvet bleu, les vêtements de la jeune fille : c'étaient surtout ces derniers qu'ils voulaient à tout prix récupérer pour les faire analyser : les chaussures, le slip, la jupe, le pull, le soutien-gorge. Suivaient la bouteille, la lampe électrique, les vêtements que portait Arnaud et différentes pièces dont, notamment, des petites boîtes en plastique contenant les ongles de la victime et quelques petits indices recueillis sur elle, sur ses vêtements ou encore sur la scène de crime.

Une chose intriguait Phil.

— Vous n'avez pas la paillasse sur laquelle dormait Arnaud ?

— Non, désolé, cela ne me dit rien, tout est là. Si c'était beaucoup plus encombrant, il est possible qu'elle ait été détruite dans les délais habituels. Pour ce qui reste, vous avez de la chance que ça tienne dans un carton, sinon cela fait longtemps que les éléments seraient partis en fumée.

Ils emportèrent le lot et remercièrent le greffier.

Dans la voiture, Phil ne cacha pas sa colère :

— Trois choses sont essentielles dans cette affaire, la paillasse : en tout premier lieu, pour les traces de sang, voire de sperme ou autre, c'est le b.a.-ba même de cette enquête, ainsi que les vêtements de la fille et ceux d'Arnaud.

— Tu as raison, mais nous en avons tout de même deux sur trois ! Et je crois que nous devons une fière chandelle au greffier ! Tu oublies les ongles et autres petits indices, ils n'ont pas dû en tirer grand-chose à l'époque mais, aujourd'hui, à mon avis, ces indices vont parler !

— Oui, c'est vrai. De toute façon, les moyens actuels vont permettre d'identifier des éléments avec précision et peut-être nous surprendre… J'appelle les scientifiques pour qu'ils viennent les prendre aux fins d'analyses approfondies.

Ils regagnèrent leur bureau et entreprirent de commencer le laborieux travail de rapprochement entre les éléments du dossier et les déclarations faites par Arnaud à la prison de Brest. François réagit le premier sur un point :

— Arnaud a bien dit que les chaussures d'Amélie se trouvaient à côté d'elle et qu'elle avait les pieds nus.

— Oui, je m'en souviens.

— Et il a dit aussi qu'il avait remarqué qu'elle portait des écorchures sur le visage et les mains…

— Exact.

— Dans le dossier, il est marqué qu'elle portait des écorchures sur le visage, les mains et “LES PIEDS” !

— Et alors ?

— Je ne vois pas bien comment elle aurait pu s'écorcher les pieds en venant avec Arnaud simplement dans le blockhaus, en portant ses chaussures et en les enlevant en arrivant, quand elle s'est retrouvée avec lui. Regarde, le rapport du légiste précise : « le corps était placé en décubitus dorsal à même un sol en béton, recouvert de sable… », « Le visage, les mains et surtout les pieds, portaient de nombreuses excoriations occasionnées sans doute en déplaçant la victime… ». EN DÉPLAÇANT LA VICTIME ! C'est clair, elle a été violée, elle est morte et a été traînée d'un endroit à un autre, ce qui accrédite la thèse d'Arnaud sur le fait “qu'au moins deux personnes” sont venues déposer le corps. Surtout que le légiste précise que ces « excoriations sur les pieds étaient présentes aussi bien sur la plante que sur le dessus du pied ».

— Oui. Je vois bien où tu veux en venir, mais en justice, ils n'ont pas forcément saisi la nuance. Le juge peut très bien prétendre qu'elle s'est écorché les pieds en se débattant contre Arnaud et en les cognant, ne serait-ce que dans les palettes, sous la paillasse, voire contre la paroi de béton. Je suis désolé, je me fais l'avocat du diable mais, pour chaque point, il faut que nous peaufinions un max. Cependant, nous devons noter tout de même ce fait car il viendra peut-être plus tard en complément d'autres…

Ils se replongèrent dans le dossier dans un silence religieux quand un collègue de la police technique et scientifique se présenta pour venir chercher les scellés. Phil et François lui expliquèrent ce dont il s'agissait et ce qu'ils attendaient précisément :

— Il faut retirer de ces scellés toutes les informations possibles en terme d'ADN, que ce soit dans les traces de sang, de sperme, les cheveux ou la peau, ces analyses vont être cruciales ! Exploitez aussi les ongles de la victime qui se trouvent dans les petites boîtes en plastique.

— Oui, je comprends. Notre avantage, à l'heure actuelle, c'est que nous n'avons plus besoin de la même quantité de matière ni de la même qualité de conservation pour obtenir des résultats précis et non discutables, ce qui n'était pas le cas à l'époque. C'est d'ailleurs pour cette raison que certains dossiers font l'objet d'une réouverture. Je pense, notamment, à une certaine affaire hypermédiatisée dans laquelle la salive ayant servi à coller un timbre, va pouvoir être réexploitée plus minutieusement qu'elle ne l'a été. Dans de nombreuses affaires semblables à celle-là, nous allons pouvoir dévoiler des indices inconnus ou introuvables à l'époque des faits… Je pense en particulier à la matière restée sous les ongles.

— Ça, c'est formidable !

— Par contre, ne vous réjouissez pas trop vite : il y a une dizaine d'années et plus, on prenait beaucoup moins de précautions qu'aujourd'hui sur les scènes de crimes. Les policiers ainsi que les pompiers, le légiste et qui sais-je encore peuvent avoir été des sources de pollution, aussi risquons-nous d'avoir à effectuer un énorme travail de recensement pour établir une carte ADN de toutes les personnes ayant été en contact avec la victime. Ce qui veut dire des individus non concernés par le meurtre, mais mêlés à l'affaire.

— Bien sûr, nous nous en doutons, mais vos résultats risquent d'être déterminants pour notre dossier.

— Comme souvent, sinon “toujours”, désormais ! dit-il en riant.

— Quand pouvons-nous espérer obtenir les premiers résultats ?

— Là, je ne m'engage pas. Un, parce que l'affaire est classée, donc vous ne serez pas prioritaires. Deux, le travail de recensement va être long et laborieux. Nous allons pousser pour faire le maximum, mais n'attendez rien dans les jours à venir ! Je vais expliquer la situation au laboratoire de Nantes qui s'occupe de ces analyses. Vous pensez que le condamné ne serait pas l'auteur de ce meurtre ?

— C'est ce que nous sommes chargés de vérifier, avec votre aide, bien entendu !

— Nous allons nous y employer, vous pouvez compter sur nous.

Phil et François reprirent le collier et relevèrent de nombreux points de divergence entre le dossier et le récit d'Arnaud, mais il était prématuré de les mettre en avant. Ils jugèrent plus utile de les mettre de côté en attendant les premiers résultats des analyses car certains d'entre eux pouvaient tomber naturellement.

En fin de journée, ils avaient bien avancé, Phil et François cernaient mieux le dossier qu'au départ. Des zones d'ombre se présentaient de plus en plus, il leur appartiendrait de les mettre au grand jour. À ce stade, ils avaient à présent besoin de rencontrer les deux officiers de police de Concarneau qui avaient géré cette enquête.

Renseignements pris auprès du commissariat de Concarneau, les deux OPJ étaient à la retraite, tout comme le commissaire. L'un était même décédé brutalement d'un infarctus quelques mois auparavant, il n'en restait qu'un, Jean-Baptiste Le Brunec, facilement joignable. Une chance, il était resté dans la région et habitait désormais à proximité du bourg de Beuzec-Conq. Ils purent l'appeler et arrêter un rendez-vous à son domicile pour le lendemain matin.

*

*   *

*Jeudi 11 septembre 2008. Matin.*

Sur la route de Concarneau, une station de radio rappelait sans cesse cet autre 11 septembre, de triste mémoire, qui avait ébranlé les États-Unis et le monde entier. Depuis, d'ailleurs, toutes les approches sécuritaires avaient été modifiées et intégrées par la population des pays occidentaux car, de toutes les menaces, celle du terrorisme semblait être la plus préoccupante pour cette dernière.

Cependant, aujourd'hui, nous constatons un curieux rebondissement de l'Histoire. En effet, c'était à cette époque que les autorités américaines, sous la présidence de George W. Bush, face à cette inquiétude nouvelle et pour amortir le choc économique dû à ces attentats, décidèrent de distribuer du crédit immobilier à tout va, y compris à des millions d'emprunteurs insolvables, question de redonner confiance aux citoyens…

Sept ans après, la bulle continuait de gonfler, la Maison-Blanche n'ayant rien fait pour piloter un atterrissage en douceur… Pire, elle s'était montrée dépassée par les événements. Chacun découvrait où avait conduit cette politique irresponsable et les Américains payaient l'addition avec la "fameuse crise des subprimes", ce qui déclencha une nouvelle onde de choc mondiale, financière cette fois et créa les conditions d'un effondrement du système bancaire mondial. Les Américains au moment des élections de fin d'année, risquaient fort de s'en souvenir et de voter en faveur des démocrates !

Finalement, en y regardant de plus près, c'était un peu comme si les terroristes de 2001 repassaient une deuxième fois à la caisse pour faire payer l'Occident ! Nul doute que, dans leur refuge pakistano-afghan, ces derniers devaient bien s'amuser en regardant la télévision !

Si seulement chaque citoyen des pays industrialisés réfléchissait un peu, il réagirait bien différemment à ce que les médias leur imposaient de faire. Mais, pour Phil comme pour François, "ÇA", c'était une autre question... Hélas...

La voix féminine du GPS de la Mégane leur indiqua parfaitement leur destination. Ils arrivèrent à Beuzec-Conq chez Jean-Baptiste Le Brunec, l'OPJ, appelé autrefois inspecteur de police. Depuis, la classification des grades en lieutenant, capitaine et commandant était passée par là.

Il habitait une coquette maison dans un lotissement jouxtant le parc du fameux château de Kériolet. Il vint les accueillir chaleureusement au portillon de son jardin. Il paraissait heureux de pouvoir rencontrer des collègues de "la maison" et, qui plus est, qui avaient besoin de lui ! François lui lança une boutade de circonstance :

— À ce que je vois, on vit presque la vie de château par ici ! plaisanta-t-il en désignant ce dernier dont on devinait une partie dans le parc voisin du lotissement.

— Eh oui, presque ! Vous l'avez déjà visité ? demanda-t-il aux arrivants.

François et Phil secouèrent négativement la tête. Tout en pénétrant dans la maison, il leur expliqua que ce château avait trouvé ses origines au XVe siècle dans le manoir de Kériolet. Il fut remanié par l'architecte diocésain, Joseph Le Bigot, à la fin du XIX^e^ siècle, pour le compte de la princesse Zénaïde Narischkine, tante du Tsar Nicolas II. Elle finança pour son mari, le comte Charles de Chauveau, la construction d'un superbe bâtiment néogothique. Ce dernier connut au cours du XX^e^ siècle plusieurs propriétaires dont le prince Félix Youssoupov, célèbre pour être l'assassin de Raspoutine !

— Vraiment ? demanda Phil, passionné par les propos.

— Évidemment ! Venez le visiter un jour, mais entre la mi-juin et la mi-septembre. Installez-vous là, je vous sers un café ? Ça me fait vraiment plaisir de recevoir des collègues. Je suis seul ce matin, mon épouse est partie faire des courses…

— Vous êtes bien installé ici, lui fit remarquer François.

— Et comment ! Je suis à cinq minutes de la Ville Close de Concarneau où je suis né !

— Ah, parce que vous êtes concarnois ?

— Né en Ville Close, j'vous dis, y a pas plus concarnois ! J'ai commencé ma carrière à Concarneau, puis j'ai été muté dans différentes villes et mon dernier poste fut à nouveau à Concarneau, je ne pouvais pas rêver mieux… J'ai mon canot pour aller pêcher et des tas de copains sur le port, le paradis pour la retraite ! Alors, qu'est-ce qui vous amène ? Attendez, d'abord, je vais chercher les cafés…

L'homme devenait intarissable. Visiblement, ça lui plaisait de se valoriser aux yeux de collègues encore en activité. Il revint avec un plateau et disposa les tasses fumantes devant chacun.

Phil avait sorti son ordinateur, François son magnétophone et son bloc. Ils entrèrent immédiatement dans le vif du sujet.

— Nous avons besoin de vous, vous êtes le seul à pouvoir nous renseigner de vive voix.

Il approuva de la tête, sans répondre, affichant un sourire de satisfaction, tellement cette situation semblait l'exciter.

— C'est au sujet de l'affaire Arnaud Kergloan…

Sa mine se renfrogna brutalement, il parut chagriné par la demande.

— Vous vous en souvenez ? demanda doucement François.

— Oh oui, que j'm'en souviens… cette brave petite, toute jeune et toute mignonne, retrouvée morte dans une casemate du Cabellou, répondit-il, l'air songeur, en ayant momentanément le regard dans le vide, tourné vers le passé pour mieux se remémorer, car la mémoire, contenant des fractions de souvenirs, sait, sans qu'on sache pourquoi, les faire rejaillir à tout instant.

— Oui, c'est tout à fait ça ! précisa Phil.

— J'étais un des premiers sur les lieux avec mon collègue… Le pauvre vieux, il est mort, lui aussi, il n'y a pas longtemps.

— Oui, nous l'avons appris, acquiesça François pour éviter tout écart car l'important, désormais, était l'affaire et rien que l'affaire et leur homme semblait prompt aux digressions.

— C'était un promeneur qui avait appelé pour nous informer qu'il avait vu un type quitter précipitamment le blockhaus avec quelque chose de bleu en tissu sous le bras, le déposer dans le coffre de sa voiture et filer à toute vitesse. Il était allé voir d'où il était sorti et avait découvert la jeune fille… disons-le tout de suite, pour être clair, le cadavre.

— Qu'avez-vous remarqué en arrivant sur les lieux ? C'est important…

— Dans une pièce sombre… tout en béton et, pour cause… à gauche en entrant, il y avait un vieux matelas posé sur… si je me souviens bien, sur des palettes, vous savez, type palette de chantier du bâtiment…

— Elles dépassaient du matelas, ces palettes ?

— Non, pas du tout, car on ne les avait pas remarquées en entrant, c'est seulement en soulevant le matelas qu'on les a vues. Il y en avait deux, bout à bout sur la longueur, mais moins larges que le matelas dont une partie reposait sur le sable du sol.

— Et le sol était recouvert de sable uniquement ?

— Oui, là-bas, avec le vent et les intempéries, le sable se glisse partout. La fille était allongée sur le sol, à côté du matelas. Le type, après l'avoir violée, avait dû la laisser rouler sur le côté pour qu'elle se retrouve par terre… Il faut dire qu'ils avaient beaucoup picolé…

— Tous les deux ?

— Surtout elle. Le légiste, dans un premier temps, n'avait pas pu déterminer si elle était morte par étouffement ou d'un coma éthylique. Quoi qu'il en soit, pour ce dernier point, cela ne se produit pas en buvant de l'eau…

— Non, bien sûr !

— Mais, l'hypothèse de l'étouffement s'avéra, par la suite, être la cause première du décès. Le promeneur avait eu le réflexe de relever le numéro de la voiture du gars qui avait quitté le blockhaus un peu avant. Nous n'avons pas mis longtemps pour trouver le nom du propriétaire et débarquer chez lui. Et là, coup de bol, il était tranquillement chez lui. Et, nous avons retrouvé, dans le coffre de sa voiture, un duvet de couleur bleue, une bouteille de whisky vide, enfin bref, autant dire que le gars était mal. Rapidement, il a reconnu qu'il avait vu la fille morte sur le sol, qu'il avait pris peur et qu'il s'était "barré" à toute vitesse ! Mais, il niait être à l'origine du décès de la fille et toute implication quant aux causes de celui-ci. Nous lui avons demandé s'il la connaissait, il a répondu l'avoir déjà rencontrée. Ce que nous avons vérifié, notamment auprès du bar-dancing Le Perroquet aux Sables-Blancs.

— Quand il contestait, que prétendait-il ?

— Un truc invraisemblable… comme quoi, il avait eu une altercation avec un type qui s'appelait… je ne m'en souviens plus.

— Jacques ?

— Oui, c'est ça. Nous avons vérifié, il avait bien eu un accrochage avec ce type et ses copains, et quelques coups avaient été échangés. Entre nous, des types pas très futés, qui aimaient bien se shooter à l'alcool et chercher la bagarre, ils traînaient une drôle de réputation sur la ville…

— Et alors, la vérification ?

— Eh bien, ça n'a rien donné. Le type et ses copains n'y étaient pour rien.

— Vous en êtes certain ?

— Oui, oui, nous nous y sommes repris en plusieurs fois : ils étaient avec d'autres copains chez l'un d'entre eux, au moment des faits, à Trégunc exactement.

— Oui, d'accord, mais si les copains étaient solidaires entre eux ? Du genre « on la ferme à la vie à la mort ! »

— Non, l'un ou l'autre aurait fini par baver. Non, ce n'était pas eux et ça ne tenait pas debout, pourquoi auraient-ils fait ça ?

— Une soirée qui tourne mal, on rigole, on passe au viol, puis ça se termine en drame et on reporte les responsabilités sur un type en particulier, en l'occurrence Arnaud Kergloan.

— C'est ce que voulait nous faire croire le suspect, mais non, ça ne tenait toujours pas. Et il fallait déjà le faire pour venir déposer le corps à cet endroit !

— Et pourquoi pas, après tout ?

— Non. Vraiment, ce n'était pas possible. Mais, je dois aussi vous dire qu'à l'époque, et dès le départ, cette affaire avait soulevé une lourde émotion sur la ville. Dès que nous avons arrêté le suspect, je veux dire pendant la garde à vue, il y a eu des fuites, la presse a communiqué très fort en précisant qu'elle avait appris que la police détenait “le suspect”, et presque sous-entendu déjà : “le coupable” ! Alors, je dois reconnaître que tout s'est accéléré. Nous sommes passés de la mort d'une jeune fille à un meurtre et à l'acharnement sur un suspect précis. Et quel suspect ! Tout le monde savait que ses parents buvaient, ne travaillaient plus, se battaient, enfin la totale... Vous voyez tout de suite le tableau : tel père, tel fils quoi ! Vous connaissez la boutade. À partir de là, plus personne ne s'est soucié de chercher une autre hypothèse. C'était comme si nous avions des œillères. Ne comptait que le suspect arrêté et ce qu'il représentait.

L'homme fit alors une liste de meurtres odieux suivie d'un discours furibond et sécuritaire, celui qu'on entend toujours dans ces cas, aussi sinistrement stupide que démagogique... Ce genre d'individu ne savait que ressasser des tas de souvenirs tristes et des choses affligeantes, voire sordides, et se laissait aller à quelques grandes idées philosophiques de comptoir… Phil, pour mettre un terme à ce bavardage inepte, enchaîna :

— Mais, lui, tout de même, il n'avait rien à voir avec la vie de ses parents !

— Non… C'est vrai… Je me souviens que ses grands-parents, des gens bien d'ailleurs, étaient intervenus pour insister sur le fait que c'était un chic petit gars, qu'il n'avait pas pu faire du mal à qui que ce soit et surtout pas à cette jeune fille… mais, le coup était parti. Il faut bien comprendre que, dans cette affaire, toutes les équipes ont arrêté de travailler dès lors que le rapprochement a été établi entre le suspect et la victime et que tout a été concentré sur ce suspect.

— Il a avoué avoir eu des relations avec la fille ?

— Non. Jamais. Il était costaud, vous savez. Il n'a jamais rien avoué.

— Et qu'avez-vous découvert sur les lieux du crime ?

— À l'époque, la police technique ne disposait que de moyens rudimentaires, rien à voir avec ce qui existe aujourd'hui. Pas d'analyses ADN… On en était encore à la bonne sérologie et la classification en A.B.O. avec, bien évidemment, le risque d'avoir le même rhésus !

Il resta silencieux quelques instants et poursuivit :

— Il y avait du sang sur la fille et sur les vêtements d'Arnaud. Ils avaient bu tous les deux et du whisky précisément.

— S'agissait-il du même whisky ? De la même bouteille ?

L'homme se contenta de hausser les épaules. Bien sûr, Phil et François se doutaient bien qu'aucune analyse n'avait été demandée en ce sens. Comme pour se dédouaner, il rajouta piteusement :

— On a retrouvé la bouteille, une seule... ça suffisait, les collègues ne sont pas allés plus loin.

— Arnaud Kergloan avait été agressé et il en portait des traces... Si nous comprenons bien, il ne pouvait s'agir que de celles de la fille, c'est ça ? suggéra François à qui le bon sens commandait de penser le contraire car les traces de coups ne pouvaient avoir été provoquées par la victime.

Il répondit en parlant très lentement, comme s'il avait perdu ses mots et les cherchait encore :

— Oui, entre autres... Il garda le silence quelques secondes avant de dire avec plus d'assurance comme pour reprendre l'avantage : le Jacques en question avait bien reconnu lui avoir mis un coup de boule et l'avoir chahuté un peu la veille. Dès lors, pour nous, c'était clair... Nous avons tout de suite compris la tactique du suspect : transformer l'agression de la veille en une agression durant la nuit, au moment du transport de la jeune fille sur les lieux. Nous avons considéré cet argument un peu gros ; faut pas exagérer, non plus ! Là, autant moi, mon collègue que le patron de l'époque, nous trouvions qu'il poussait un peu trop loin le bouchon, vraiment ça ne tenait pas la route. Je reconnais que nous ne disposions pas de grand-chose en dehors des évidences et c'était déjà pas mal, non ?

— Oui, sans doute, répondit Phil, dubitatif. En résumé, la jeune fille avait été retrouvée morte, violée… Et quant à la cause réelle du décès ?

— Le légiste avait évoqué un décès par étouffement et coma éthylique, lequel des deux avait été fatal en précédant l'autre ? Il n'a jamais pu le déterminer avec précision. Nous avons retenu le viol et le meurtre par étouffement, le tribunal nous a suivis sur ces constatations.

— Et plus tard, lors de la réouverture de ce dossier ?

— Même cause, même résultat, sachant que, dans l'intervalle, la tempête de 1987 avait nettoyé le terrain, si je puis dire ! Toujours est-il qu'au final, rien n'a permis de modifier le jugement initial !

Cette réponse de Jean-Baptiste Le Brunec indisposa Phil. L'homme perçut parfaitement ce flottement, aussi tenta-t-il de justifier à nouveau son raisonnement pour continuer à affirmer qu'il ne pouvait pas y avoir de doute, rappelant à plusieurs reprises que la réouverture de cette affaire avait donné les mêmes conclusions que les siennes et celles de son collègue. À ses yeux, ces éléments constituaient bien la meilleure preuve !

Phil se demanda comment les policiers avaient pu être aveugles au point de ne même pas envisager une autre hypothèse que celle qui leur convenait si parfaitement, dès le départ : un type d'un milieu défavorisé, pourtant très bien sous tout rapport, portait l'étiquette de parents alcooliques, cela avait suffi à faire de lui un suspect évident, tout trouvé. Un témoignage accablant du promeneur, quelques indices dont certains avaient été négligés, comme le whisky ingurgité par Amélie et par Arnaud – s'agissait-il du même ? D'autres non vérifiables puisque la police scientifique ne disposait pas des moyens actuels et, en bout de course, le suspect devenait coupable, d'une façon indiscutable… et la bonne société dormait tranquille. Trop d'éléments troublants, enchaînés de curieuse façon, surgissaient dans ce dossier, pensa Phil, même si l'enquête s'annonçait délicate.

Ils poursuivirent encore longuement cette discussion, reprenant, ici ou là, un point ou un autre, mais l'ancien inspecteur de police restait calé sur ses certitudes, tentant vainement de se décharger sans arrêt quant au fait que, seul, Arnaud Kergloan pouvait être le coupable. Ils quittèrent le collègue, plus que jamais harcelés par le doute, ébranlés. Ils venaient, du même coup, de faire naître la suspicion sur cette affaire chez cet homme qui, quelques heures plus tôt encore, vivait heureux et satisfait d'une carrière bien accomplie, sans tache, et qui jouissait d'une retraite méritée.

Dans la voiture, avant de démarrer, Phil se tourna vers François :

— Admettons que ces deux flics aient été intuitifs. Le fameux flair du flic de l'époque ! Même ça, c'est dangereux ; on n'a pas le droit de s'en servir, c'est trop risqué, trop odieux… on ne connaît véritablement, voire jamais, les personnes que l'on interroge.

— Oui, je comprends, mais à l'époque, à leur décharge, on n'était pas aidé, tu sais… On devait se débrouiller avec ce que l'on avait sous la main.

En sortant du lotissement, à droite, la route descendait vers le centre-ville de Concarneau, laissant, du même côté, le parc du château de Kériolet et, sur la gauche, le phare avec sa petite maison de gardien. Au loin, ils apercevaient parfaitement le chenal d'entrée au port, la ville fortifiée et, plus loin encore, dernières images visibles avant l'horizon, la pointe du Cabellou éclairée d'une splendide lumière.

— Au vu de l'heure, je te propose que nous déjeunions en ville.

— D'accord, c'est une bonne idée… cet entretien me laisse un goût amer. Les êtres humains sont les bêtes les plus dangereuses qui soient… Ils sont capables de tout infliger à leurs semblables dans le seul but d'être en paix avec eux-mêmes et leurs sentiments. Je crois, de plus en plus, qu'Arnaud Kergloan a été l'agneau sacrificiel de toute cette affaire.

— C'est ce que je me disais aussi ! Et si Arnaud Kergloan était innocent ? Totalement innocent ?

Ils ressentaient tous les deux, désormais, un sérieux doute, ce dernier entretien constituait un choc dans leur approche du dossier. Ni l'un ni l'autre n'étaient de doux rêveurs. Ils savaient que, parfois, des flics commettent des erreurs et qu'ainsi des innocents peuvent se retrouver en prison. Ils commençaient à éprouver un curieux sentiment. Leur collègue paraissait tellement convaincu d'avoir mis la main sur le coupable… au point qu'à cette époque si cruciale du démarrage de l'enquête, il avait cessé d'exploiter toute autre voie possible et, de ce fait, peut-être avait-il laissé filer le vrai coupable…

Le suspect avait toujours clamé son innocence, alors, pourquoi n'avaient-ils pas recherché d'autres indices pour accompagner la thèse de la culpabilité ? Ils imaginaient aisément toute la haine qui avait dû s'accumuler chez cet homme, si, toutefois il était vraiment innocent. Un mépris sans borne avait dû l'animer au moment du procès et du jugement, réactivé quelques années plus tard, quand l'appel par l'association avait débouché, une fois de plus, sur une impasse.

— Phil, je suis plus convaincu que jamais que, dans cette affaire, il faille véritablement repartir de zéro. Nous devons en avoir le cœur net !

— Oui, c'est mon sentiment et je suis content que tu le partages. Je ne pense pas que nous puissions blâmer nos collègues qui ont cru bien faire leur travail, à l'époque. Ils ont certainement fait de leur mieux avec les moyens dont ils disposaient et sous la pression médiatique du moment et cette quasi-évidence qui les a considérablement influencés. Ne commettons pas la même erreur, prenons notre temps pour examiner les failles et approfondissons ! Espérons que les scientifiques décryptent bien les différents ADN…

— J'y pensais justement, il faudrait peut-être commencer par effectuer des prélèvements chez Kergloan et chez les autres protagonistes de cette affaire… J'appelle le fameux Jacques, j'ai vu qu'il habitait Concarneau, j'espère que c'est toujours le cas, on pourrait lui rendre visite après déjeuner. Tu as ce qu'il faut, au cas où ?

— Oui. J'ai justement renouvelé le contenu de ma mallette hier.

Moins de cinq minutes après, la Mégane quittait l'avenue Alain Le Lay pour déboucher sur l'avenue de la gare, passer devant le commissariat de police et emprunter l'avenue Pierre Guéguin. Une place se libérait juste à proximité du restaurant où ils envisageaient de déjeuner.

— Phil, je te propose d'aller dans cet établissement qui fait l'angle, le bar-restaurant "L'Amiral". Il y a quelques années encore, c'était aussi un hôtel, le fameux "Grand Hôtel", enseigne emblématique et véritable institution de la ville, au même titre que "La Belle Étoile" dont je t'ai parlé, au Cabellou, ainsi que "L'Hôtel de Cornouaille" qui domine toujours la plage éponyme sur la corniche. D'ailleurs, pour te situer l'époque, il faut savoir que ce dernier, de style art déco, proposait à ses visiteurs salle de bal, casino, bar américain, salles de jeux et cabines de plage. Aujourd'hui, tous les trois ont disparu… Mais, revenons à notre restaurant, tu vas voir, c'est très bien.

Ils s'installèrent et furent rapidement servis.

François en profita pour demander à Phil s'il connaissait l'ouvrage *Le Chien Jaune* de Georges Simenon.

— Lequel dis-tu ?

— *Le Chien Jaune*. Il a d'ailleurs été adapté au cinéma. Simenon l'a écrit alors qu'il séjournait ici. Le récit se déroule dans cette ville et, de plus, en partie sur les mêmes lieux que notre enquête ! En hommage à cette œuvre, Le Festival du Polar du Chien Jaune se déroule chaque année au mois de juillet sur la place, là, devant nous, sous chapiteau. Cette écrivain a aussi publié un autre ouvrage dont le récit se situe également sur la ville.

— Je l'ignorais ! Quel en est le titre ?

— *Les demoiselles de Concarneau*.

— Je ne l'ai pas lu non plus, mais quand cette affaire sera terminée, il faudra que je m'y intéresse. On peut encore les trouver facilement ?

— Sans problème. Le plus simple en sortant, ce sera de te rendre juste à côté, à la Maison de la Presse… Il me semble qu'ils en ont toujours, en format de poche.

Interrompu par l'arrivée des cafés, François poursuivit :

— Tu ne le sais peut-être pas, Concarneau est aussi appelée « la Ville Bleue ». Elle est le théâtre de multiples animations artistiques et culturelles tout au long de l'année. À l'instar des peintres du XIXe siècle ou de Georges Simenon que nous venons d'évoquer, Claude Chabrol ou encore Jean Renoir ont fait de la Ville Bleue le décor de leurs créations.

— Je ne le savais pas non plus. Par contre, j'ai entendu parler d'une fête, un peu identique au festival de Cornouaille à Quimper…

— Bien sûr, c'est la fête des Filets Bleus, l'événement marquant du mois d'août, avec son défilé de costumes régionaux, ses bagadoù et ses nombreux spectacles…

*

* *

*Jeudi 11 septembre 2008. Après-midi.*

Après avoir particulièrement apprécié leur déjeuner, ils s'apprêtaient à aller chez Jacques Le Questel, Rue des Écoles. Ce n'était pas très loin. Aussi décidèrent-ils de laisser leur voiture sur place pour s'y rendre à pied. En sortant du restaurant, Phil ne put s'empêcher de s'accorder quelques secondes pour profiter du panorama qu'offraient le port, les bateaux de pêche, la paisible Ville Close, tandis que mouettes et goélands striaient le ciel de leurs ailes en poussant ces cris si caractéristiques que l'on n'entend qu'au bord de la mer ; cela lui offrit, l'espace d'un instant, un petit air de vacances.

Dans la rue des Écoles, ils dépassèrent un imposant immeuble, autrefois bureau central de la Poste, pour s'arrêter un peu plus loin. Jacques Le Questel les attendait car il vint leur ouvrir, à peine avaient-ils sonné.

Il présentait le visage rond et bouffi d'un homme qui boit trop, mange mal et fume. Cheveux rares, barbe grise de deux ou trois jours, l'homme ne pouvait guère dissimuler sa réelle surcharge pondérale, la ceinture de son pantalon se perdant sous une imposante bedaine… Il avait la voix grave et très éraillée. Il bloqua un instant l'entrée de la porte, le temps que Phil et François présentent leur carte de police.

— Qu'est-ce que vous m'voulez ? éructa-t-il, ensuite.

— Nous souhaitons vous parler d'une affaire ancienne. Pouvons-nous nous installer à l'intérieur, ce serait plus commode, vous ne croyez pas ?

Comme à contrecœur, il consentit à les laisser entrer dans le couloir dont les couleurs des murs étaient passées, referma la porte et les précéda. Il fallait emprunter un escalier en bois pour accéder à son logement à l'étage. Ce dernier n'avait pas été équipé par IKEA mais plutôt par Emmaüs, au vu du caractère hétéroclite des meubles. Jacques Le Questel les installa dans le salon où flottait une désagréable odeur de tabac froid. Phil détailla la pièce. Assez vaste, murs blancs, nus, pas d'étagères ; ni bibelots, ni livres. Un mobilier réduit à l'essentiel. Au sol, le lino râpé laissait entrevoir, par endroits, les lames du parquet.

Par la fenêtre, ils apercevaient l'étonnante église Saint-Guénolé, construite de franc béton, puissamment structurée en piliers et murs dressés comme des bras ouverts vers la voûte en carène. Curieuse architecture au toit arrondi, prolongé, en perspective, par l'ancienne tour du précédent édifice détruit pour raison de sécurité, quelques années plus tôt. La nouvelle construction avait été consacrée en 1996. Mais le moment ne se prêtait guère aux états d'âme sur la bizarrerie de ce bâtiment. François attaqua d'emblée, car l'homme, d'apparence sournoise, ne semblait guère loquace ni accueillant. Le froid de la solitude coulait sur lui.

— Nous n'irons pas par quatre chemins. Nous venons vous interroger sur l'affaire Amélie Motreff et Arnaud Kergloan.

— Encore !

— Oui, pourquoi ?

— Parce que j'ai déjà tout dit des tas de fois ce que j'avais fait la veille de la découverte du corps. Sa voix était éraillée, par l'abus de tabac certainement.

— Eh bien, vous allez nous le redire. Mais avant, parlez-nous de l'avant-veille et de votre altercation au bar-dancing des Sables-Blancs.

— Qu'est-ce que vous voulez que j'vous dise ?

— Comment s'est déroulée votre arrivée. Qui conduisait la voiture ? Quel est le nom de votre meilleur copain, tout quoi !

— J'avais trois potes avec moi, dont David Minven, mon meilleur ami et conducteur de sa voiture, c'est lui qui nous a amenés. Là, nous avons rencontré ce petit con d'Arnaud qui tournait autour d'une fille qu'un de mes potes voulait.

— Pas vous ?

— Non. Pour moi, cette nana manquait de caractère, de personnalité, fade si vous préférez.

— Elle n'était pas mignonne ?

— Si, bien sûr, au contraire, elle avait l'air tellement jolie et douce que j'aurais eu peur de la toucher ! Elle ne m'intéressait pas parce que j'aime les filles provocantes qui ont du “chien”, vous voyez ce que je veux dire ? Alors, j'ai voulu intimider ce petit con pour l'écarter et faire de la place à mon copain, répondit-il d'une voix rauque, mais il s'exprimait avec calme.

— Vous le connaissiez ?

— Ouais, depuis le lycée, mais sans plus.

— Vous aviez eu des problèmes avec lui au lycée ?

— Des problèmes ? Vous voulez rigoler, dit-il, en riant aux éclats, montrant des dents mal soignées qui devaient souffrir de l'alcool et du tabac. C'était une chiffe molle, c'était plutôt lui qui en aurait eu avec moi et mes potes !

— Ah oui, c'est vrai, j'oubliais, vous étiez les terreurs du lycée et des boîtes de Concarneau avec vos copains…

— On savait se faire respecter, voilà tout, précisa-t-il en essayant de se redresser pour tenter de gonfler le torse avec orgueil, mais l'effet était plutôt pathétique… Il continua : mais, c'est bien loin tout ça, aujourd'hui, les jeunes, ce n'est plus pareil, rajouta-t-il avec une pointe de nostalgie dans la voix.

— Que faisaient vos parents à l'époque ?

— Ils étaient commerçants. Ils exploitaient deux affaires qui marchaient bien et ils étaient fortement impliqués dans la vie locale, la politique et tout le reste… des gens bien et en vue, à cette époque-là. Mais le port a décliné, les grandes surfaces ont tout fichu par terre. J'ai bien essayé de suivre ou de survivre, mais ça s'est mal terminé… Bref, aujourd'hui, je suis au RMI, dans cet appartement qui appartient à mon oncle. Il ne me fait rien payer. Il m'a dit qu'un jour il me le donnera.

— Et vos trois copains ?

— Le père de David était un important mareyeur grossiste… là aussi, ça a planté dur : quotas de pêche, diminution de la flotte et tout le tintouin. Aujourd'hui, il est salarié poissonnier dans un rayon de grande surface.

— Et les deux autres ?

— Ils sont partis travailler à Paris, je les ai perdus de vue.

— Bon. Revenons à l'intimidation d'Arnaud Kergloan. Que lui avez-vous fait exactement ?

— Un coup de boule dans le nez et une claque, je l'ai toujours dit !

— Rien de plus ?

— Non, je le jure !

Curieusement, sa réponse parut sincère aux deux OPJ et elle semblait totalement dépourvue d'artifice et de ruse.

— Et le lendemain ?

— Je ne l'ai pas touché, il m'a suffi de lui faire peur et de porter quelques coups bruyants sur son Ami 8 de merde pour qu'il se taille !

— Donc, la seule trace véritable qu'il portait de vous était un coup au nez ?

— Ouais ! Mais pourquoi me posez-vous toutes ces questions à nouveau ?

— C'est pour classer le dossier avant sa sortie de prison.

— Ah bon ? Il va déjà sortir ? Je croyais qu'il avait pris…

— Vingt ans, ferme, et on y est ! Pourquoi ?

— Pour rien…

Il parut désarçonné. À moins que ce ne soit inquiet se demanda Phil à cet instant.

— Vous avez eu pas mal d'histoires, quand vous étiez jeune, il me semble ?

— Qu'entendez-vous par là ?

— Bagarre, alcool, provocation…

— Quand on est jeune, on fait tous des conneries, mais, vous pouvez vérifier, mon casier est vierge.

— Pourquoi dites-vous ça ?

— Parce que je sens que vous me cherchez et je voudrais que les choses soient claires ; cette fille, je ne l'ai pas touchée.

— Vous… peut-être, mais votre copain « qui la voulait » puisque ce sont vos propres mots…

— Non plus.

— Et vous ne trouvez pas cela bizarre… Votre copain veut se la faire, vous intimidez Arnaud Kergloan, avec qui on la retrouve morte, le lendemain ?

— Je sais que ça peut vous paraître être une histoire de fous, mais nous n'y sommes pour rien. D'ailleurs, pour être honnête, je n'y ai jamais rien compris à cette histoire. Elle m'a toujours dépassé.

Cette fois, son comportement en devenait déconcertant.

— Que faisiez-vous la nuit du dimanche au lundi ?

— Mais je l'ai déjà dit cent fois…

— ARRÊTEZ de répéter la même chose et contentez-vous de répondre à NOS questions, c'est clair ? s'était exclamé François, vertement.

Jacques Le Questel sursauta, surpris par cette réaction, mais son arrogance se calma d'un coup.

— Entre vingt-deux heures et vingt-trois heures, nous avons quitté les Sables-Blancs pour nous rendre à Trégunc chez un copain qui fêtait son anniversaire.

— Vous êtes donc passés par la route de l'hôpital !

— Non, sûrement pas, nous sommes partis à Beuzec-Conq chez les parents de David Minven, car ses vieux n'étaient pas là. C'était pour prendre quelques bouteilles dans leur cave pour les apporter à la soirée de Trégunc. Ensuite, nous avons emprunté la route du pont du Moros et, direction Trégunc directement.

— Qu'est-ce qui le prouve ?

— La sœur de David était à la maison et nous a vus. Tous les copains, ainsi que les parents de celui qui fêtait son anniversaire, ont confirmé l'heure à laquelle nous sommes arrivés. De même, ils ont attesté de notre présence permanente jusqu'à notre départ vers cinq ou six heures du matin ! Et là, vous pouvez faire ou dire ce que vous voulez, mais c'est la stricte vérité, un point c'est tout ! Le minutage de notre soirée est clair, précis et sans équivoque, c'est ce qui nous a mis hors de cause, sinon, c'est sûr, nous aurions été emm… enfin, je veux dire que nous aurions eu des ennuis.

Les propos avaient le mérite d'être clairs, tout comme l'accent de sincérité que semblait avoir Jacques Le Questel. Les OPJ ne pouvaient guère aller plus loin dans l'immédiat.

— Nous avons, aujourd'hui, la possibilité de vérifier certaines choses en effectuant de nouvelles analyses mais, pour cela, il nous faut faire un prélèvement de salive pour l'ADN. Acceptez-vous que nous procédions à ce prélèvement ?

— Est-ce que j'ai le choix ?

— Oui et non. Vous pouvez refuser aujourd'hui, mais demain, nous vous convoquerons à Quimper.

— Allez-y, je n'ai rien à cacher ! Ça ne fait pas mal au moins, vous ne faites pas de piqûre ?

— Non, non, rassurez-vous, c'est complètement indolore.

Ce comportement douillet surprit les OPJ qui repensaient à cette "terreur" des années 80. Terreur déchue… Phil ouvrit sa mallette, puis sortit trois pochettes aseptisées contenant chacune un tube enfermant une sorte de petite brosse à dents en forme d'écouvillon. Il récupéra de la salive en frottant l'intérieur de la joue de Jacques Le Questel qui se montra surpris que ce soit aussi simple, une fois les trois prélèvements effectués.

— Vous êtes marié ? lui demanda François qui avait adopté le ton de la confidence et du dialogue badin sans importance.

— Oui, enfin non, puisqu'elle s'est barrée, mais on n'a jamais divorcé. Il y avait au fond de ses yeux, à cet instant, une sorte d'ailleurs lointain où il cherchait à retourner.

— Cela fait longtemps ?

— Même pas un an de mariage ! Il y a dix ans. Les commerces commençaient à prendre l'eau. Puis, tout a suivi en même temps : liquidation des magasins, mes parents sont décédés, tous les deux la même année. J'étais fils unique, j'ai tout vendu comme j'ai pu, j'ai cherché du boulot… mais pas trop, car tant que j'avais du fric, je ne me suis pas trop inquiété et puis, un jour, c'était fini… mais c'était aussi trop tard…

Dans sa voix, François sentit l'accablement. Toute la misère du monde, en une seconde, venait de rattraper cet homme pour ne pas le lâcher.

— Il n'est jamais trop tard. Il suffit parfois simplement de le vouloir ! Avez-vous des enfants ?

— Non.

— Vous savez où on peut joindre votre copain, David Minven ?

Jacques Le Questel consulta sa montre et réfléchit avant de répondre :

— À cette heure-ci, il doit être chez lui. Il commence très tôt le matin, vous savez… l'achat du poisson et, après, la vente au rayon… Il rentre vers quatorze heures sauf, au moment des fêtes, bien sûr.

— Bon, nous allons lui rendre visite.

— Vous pouvez y aller, il n'a rien à se reprocher, vous perdez votre temps. Tenez, je viens de vous gribouiller son adresse. C'est à Beuzec-Conq, vous savez y aller ?

— Oui, pas de problème, nous sommes équipés d'un GPS. Il est marié ?

— Oui, sa femme travaille dans la même grande surface, mais elle rentre plus tard.

La discussion était devenue détendue, sereine, cette intrusion ne semblait pas l'inquiéter outre mesure, ce qui étonna un peu les OPJ.

— Bien. Nous allons adresser ceci au laboratoire et nous vous tiendrons informé.

— Vous pouvez faire ce que vous voulez, je suis tranquille, je n'ai rien à voir dans cette affaire.

— Dans ce cas, selon vous, qui aurait pu faire le coup ? lui demanda Phil, tout de go.

— Ben, c'est évident ! C'est Arnaud ! C'est pas pour rien qu'il est en taule ! Mais qui voulez-vous que ce soit autrement ? Alors, oui. Je sais... Il va vous dire que c'est moi ou David.

— Pourquoi ?

— C'est ce qui se dit ! Et j'ai été assez emmerdé à cause de cela. Mais c'est faux !

Ses mains tremblaient et il brûlait d'impatience de sortir une cigarette du paquet qu'il manipulait nerveusement entre ses doigts jaunis par la nicotine.

— Vous pouvez fumer, si vous le voulez. Nous partons. Ne nous raccompagnez pas, nous connaissons le chemin !

Jacques Le Questel les suivit jusqu'à la porte de l'appartement qu'il referma dès qu'elle fut franchie par les deux OPJ. Elle claqua. Mais sans violence. Juste sans doute la tristesse et un peu de colère... elles vont généralement de pair. En revenant vers l'avenue Pierre Guéguin rejoindre leur voiture, Phil parla le premier :

— J'ai l'impression de jouer au yo-yo dans cette affaire. Tantôt, on se met à croire que ce n'est pas Arnaud Kergloan et, tantôt, on se laisserait influencer pour penser qu'il pourrait, malgré tout, être le coupable. Sinon, qui ?

— C'est drôle, c'est justement ce que je me disais !

— J'espère que les résultats d'ADN nous apporteront quelque chose... En tous les cas, c'est "grandeur et décadence" chez le fameux Jacques, la terreur des bars concarnois des années 80 ! Je pense qu'Arnaud Kergloan serait surpris de le voir dans cet état.

— Oui, c'est certain. Voilà un type qui a tout eu de ses parents dans sa jeunesse et qui n'a jamais rien fait de ses dix doigts, trop gâté... Il a mangé son pain blanc à cette époque. Maintenant, j'ai l'impression qu'il est condamné à végéter et à se noyer dans l'alcool s'il ne se ressaisit pas rapidement... Après, ce sera trop tard... Mais, malgré tout, ses propos semblent réels et sincères. Ce qui voudrait tout de même dire que quelqu'un est bien venu tabasser le pauvre Arnaud dans son sommeil dans le blockhaus et que c'est, vraisemblablement, ce "quelqu'un" qui est à l'origine du drame.

— C'est aussi ce que je pense, aussi incroyable que cela puisse paraître.

Ils récupérèrent leur voiture, firent le tour du rond-point face à la Ville Close et empruntèrent l'avenue dans l'autre sens pour se rendre, une nouvelle fois, à Beuzec-Conq.

La maison de David Minven se trouvait de l'autre côté du bourg. Ils contournèrent l'église dont le clocher sert de phare pour les bateaux qui entrent au port, longèrent le cimetière et s'arrêtèrent devant une petite maison simple, classique, au ravalement ocre. Une voiture était garée devant.

Ils sonnèrent à la porte d'entrée, un homme apparut : la quarantaine, de taille moyenne, cheveux châtains, portant tee-shirt, jean et baskets. Il n'avait rien du ventripotent Jacques Le Questel, ses traits fins étaient vifs. Il était d'apparence plutôt svelte et sportive. Phil et François montrèrent leur carte de police et se présentèrent. Il ne cacha pas sa surprise, ce qui laissait supposer que son copain, Le Questel, ne l'avait pas averti de leur visite. Il les invita à entrer et ils s'installèrent dans le salon.

— Nous venons vous voir dans le cadre de l'affaire Amélie Motreff et Arnaud Kergloan.

— Ah bon ? Pourquoi ? C'est vieux tout ça !

Visiblement, David Minven n'avait jamais réussi à se défaire de l'accent qui ponctuait chacune de ses phrases. Le même que celui des marins pêcheurs locaux sur le port.

François prit la directive de l'entretien et lui posa les mêmes questions qu'à Jacques Le Questel. Les réponses se rejoignaient totalement. Était-ce une leçon bien apprise et répétée sans cesse entre eux pour éviter tout écart ? Impossible de le dire, cela ne semblait pourtant pas être le cas, tant les réponses venaient spontanément. Il confirma avoir été séduit par la beauté gracieuse et fragile d'Amélie, mais elle ne semblait pas vouloir s'intéresser à lui, précisa-t-il.

S'il reconnaissait avoir toujours été dans l'ombre de Jacques Le Questel, cela faisait longtemps qu'il s'était rangé de ces soirées alcoolisées et parfois mouvementées. Il était marié depuis plus de quinze ans, avait deux enfants et menait une vie parfaitement réglée et casanière, prétendit-il au bout d'un certain temps de discussion.

— Nous entendons bien, mais cela n'empêche pas une erreur ou un accident, à un moment précis de votre vie, disons, il y a de cela... vingt ans !

— Je vous ai tout dit. Je vous affirme que je ne suis pour rien dans ce drame, tout comme mon ami Jacques et tous les autres copains de l'époque.

— Compte tenu des nouveaux moyens d'analyse, nous aimerions vous faire un prélèvement de salive afin de comparer votre ADN avec ceux retrouvés sur le corps de la victime. Acceptez-vous de vous y soumettre ?

— Sans problème ! Je vous ai dit que je n'ai rien à cacher ni à me reprocher...

Phil sortit son matériel et passa à l'action.

Un peu plus tard, en reprenant la route de Quimper, Phil et François restaient dubitatifs sur la piste de Le Questel et Minven. Pour eux, l'attitude comptait parfois autant que l'apparence. Pouvaient-ils réellement être impliqués dans l'affaire ? Ils semblaient n'éprouver ni crainte ni inquiétude en prenant ce risque de donner leur salive. Les entretiens de la journée avaient été riches en informations, mais ne se soldaient par aucun progrès de leur enquête. Ils tentèrent de faire le bilan, deux choses en ressortaient : une, l'affaire avait été partiellement bâclée par la police et limitée trop hâtivement au suspect potentiel ; deux, les présomptions d'Arnaud Kergloan sur les vrais coupables ne semblaient guère justifiées. Cela engendra une réflexion de François :

— En fait, nous ne sommes pas dans une enquête qui, par manque d'informations ou d'indices aurait été arrêtée “à la longue”, mais au contraire, elle l'a été dès le départ, ce qui me paraît beaucoup plus grave.

Sans arrêt, ils repassaient en revue les différents éléments recueillis dans la journée et revenaient sur les faits, se posant mille questions. Durant sa carrière, François avait brassé pas mal d'affaires avec, pour certaines, des motifs obscurs, parfois absurdes, des crimes sordides, mais à chaque fois, elles avaient un point commun : le coupable était un criminel, un tordu, un maniaque, bref quelqu'un de nuisible… or, cela ne ressemblait pas à Arnaud.

Il poursuivit :

— Si nous acceptons l'idée d'un ou de plusieurs intervenants extérieurs dans cette affaire, le lieu du dépôt du corps interpelle malgré tout. Pourquoi là ? Par hasard, par connaissance du site en raison de son isolement, sa tranquillité, son accessibilité ou pour éloigner l'enquête d'un autre endroit ?

— Éloigner l'enquête d'un autre lieu me paraît être une idée intéressante, mais ceci devient alors plus compliqué que jamais. Tu te souviens de cette affaire suivie par des collègues dans laquelle un meurtrier avait tué une femme et avait roulé toute la nuit pour transporter le corps dans un endroit symboliquement lié à l'enfance de la victime afin de détourner complètement l'enquête et ça avait failli marcher !

— Oui, effectivement, le viol a très bien pu être commis dans un autre endroit et le corps acheminé dans ce blockhaus que le meurtrier connaissait tout simplement, ceci n'ayant aucun rapport avec Arnaud, Jacques, David ni quiconque…

— Mais, une fois cette hypothèse posée, nous sommes mal… Vers où devons-nous chercher, dans ce cas ?

— Oui. C'est tout le problème. Continuons nos prélèvements salivaires, remettons-les aux scientifiques et, déjà, nous allons savoir si l'ADN de l'un nos trois lascars se retrouve dans des traces spermatiques, sanguines ou autres et, ensuite, nous aviserons…

— Pensons à demander à Joël Le Traon de lancer cette enquête sur le fichier SALVAC (Système d'Analyse des Liens de la Violence Associée aux Crimes) car, rappelons-nous, c'est ce qui nous a permis de résoudre l'affaire du Guilvinec*. Imaginons que l'auteur ne soit aucun de nos suspects potentiels, mais que celui-ci soit un violeur récidiviste ! Dans ce cas, nous pouvons peut-être découvrir une nouvelle piste…

---

*Voir *La Demoiselle du Guilvinec* - même collection - même auteur.

Le soleil commençait à se fatiguer, expirant doucement un roux flamboyant à l'horizon. La circulation des personnes qui revenaient de leur travail à Quimper vers Concarneau, et inversement, se faisait incessante sur la départementale, ce qui imposait de redoubler d'attention dans la conduite.

# VI

*Vendredi 12 septembre 2008.*

Phil et François commencèrent par faire un premier point avec Joël Le Traon afin qu'il enregistre toutes les données et les résultats de leurs investigations. Ils le chargèrent aussi de remettre aux scientifiques les prélèvements effectués. Ils lui transmirent les PV rédigés par Phil et lui laissèrent les cassettes des entretiens, lui demandant d'exercer sa critique et de leur donner son sentiment en fin de journée.

Le compte rendu avec le patron s'effectua encore plus rapidement car Joël Le Traon allait tout actualiser en cours de journée. Les ordinateurs fonctionnant en réseau au commissariat, il pourrait connaître précisément l'avancement des investigations.

Sans perdre de temps, ils prirent ensuite la direction de la prison de Brest. Ils devaient absolument revoir Arnaud Kergloan, ne serait-ce que pour effectuer le prélèvement de sa salive. Compte tenu des dispositions du FNAEG (Fichier National Automatisé des Empreintes Génétiques), il devait sans doute y figurer, mais Phil et François voulaient assurer le coup et bien l'isoler dans le cadre strict des recherches en cours dans l'affaire le concernant.

Sur la voie express, François en profita pour prendre rendez-vous avec un des responsables de l'association ACIDLV et aussi avec Brigitte Kérose, l'amie d'Amélie Motreff qui l'avait accompagnée la veille et le soir du meurtre.

Tout s'organisa parfaitement : ils s'entretiendraient avec le premier en tout début d'après-midi à Quimper et, avec l'autre, chez elle à Concarneau, vers dix-sept heures, après son service, car elle était infirmière à l'hôpital.

Sur les derniers kilomètres qui les séparaient de Brest, Phil et François s'accordèrent sur les propos qu'ils allaient tenir auprès d'Arnaud Kergloan. Il s'agissait de lui annoncer que l'enquête avançait et qu'ils étaient confiants quant à son issue.

Ils appelèrent le directeur pour l'informer de leur visite et lui demandèrent de ne pas se déranger. Ce dernier les avertit que le détenu n'avait rien dit à son collègue de cellule, mais qu'il se montrait nettement plus serein, moins nerveux et moins agressif.

Arnaud Kergloan déambula dans la petite pièce sordide, proche du parloir, avec une expression moins détachée que lors du premier entretien. Il semblait presque heureux de les revoir et affichait une meilleure mine.

Il se montra impatient de les entendre :

— Alors, vous avez du nouveau ?

— Oui, de nombreuses informations surprenantes. Mais, nous ne pouvons pas vous en dire plus pour l'instant. D'autre part, nous attendons des confirmations de résultats de la police technique et scientifique qui est en train d'effectuer un excellent boulot.

— Ce coup-ci, Jacques et David ne passeront pas entre les mailles, alors ?

— Vous serez peut-être surpris...

— Ne me dites pas que ce ne sont pas eux les criminels, je ne vous croirais pas !

— Et pourtant... Enfin, vous verrez. Pour éviter toute interférence dans les analyses, il nous a été demandé d'effectuer des prélèvements salivaires pour isoler l'ADN de chacun, alors nous sommes là pour cela, notamment.

— Pour mon ADN ? Je ne comprends pas ! Cela veut dire que vous croyez toujours que c'est moi le coupable ?

— Non, pas du tout. Nous voulons justement vous éliminer des suspects. Je viens de vous le dire, c'est pour identifier les ADN des personnes concernées par la scène de crime. Dans une affaire, on s'oriente d'abord sur les indices et, plus tard, ce sont sur les preuves que l'on condamne ! Alors moi, à votre place, j...

— Mais vous n'êtes pas à ma place ! Bon. J'assume, répondit-il sèchement, réprimant une légère moue d'agacement, mais sans réelle acrimonie.

L'air désabusé, Arnaud Kergloan parut soudain

attristé et gêné par cette démarche, contrarié sans doute de voir que l'affaire tournait toujours autour de lui. Phil lui expliqua longuement, avec son habileté habituelle, qu'il n'avait pas à s'en offusquer, bien au contraire. Il finit par accepter. Le prélèvement effectué, ils poursuivirent leur entretien :

— J'aimerais que nous revenions sur un point, précisa Phil. Quelles sont les marques visibles que vous portiez, suite à l'altercation avec Jacques Le Questel ?

— Une marque sur le haut du nez, presque entre les deux yeux. C'est tout, dit-il, en précisant l'endroit du bout de l'index.

— Et ensuite, le lendemain, après l'agression dont vous avez été victime durant la nuit ?

Le fait d'évoquer ce point le réconforta et l'encouragea à reprendre confiance, ceci voulait dire que les OPJ le suivaient bien sur cette voie.

— Un violent coup sur la pommette, juste sous l'œil, avait occasionné un hématome, un autre à la tempe, car ma tête avait pivoté avec le premier coup, je pense que c'est celui qui m'a assommé… et divers coups sur le corps, très violents. Le type tapait au hasard comme une brute, avec acharnement, c'est pour ça que…

— Dans votre déposition, avez-vous demandé, que ces deux stades successifs soient pris en compte avec précision ? D'abord, les coups portés par Le Questel en lui faisant préciser ses aveux pour confirmer vos dires, puis, les autres marques de coups venues s'ajouter aux premières... pour bien mettre en avant les deux agressions à votre encontre à deux moments différents.

— Je n'ai pas arrêté de le leur dire, de le leur crier... Pour les policiers, ceci n'a jamais constitué des éléments pouvant attester que j'avais été victime d'agressions. Ils se sont toujours contentés de considérer qu'il s'agissait de l'échauffourée de la veille, ce qui est faux !

— Oui, nous le savons. Nous avons rencontré Jacques Le Questel et David Minven. Ils sont formels. C'est sur cette piste que nous travaillons... Vous savez, dans notre métier, garder la foi est difficile. Mais, aujourd'hui, la science nous aide bien.

Ceci rassura Arnaud Kergloan, tout en le rendant suspicieux. Depuis vingt ans, cela ne faisait aucun doute, à ses yeux, il était certain que Jacques et David étaient les deux coupables et voilà qu'une autre piste s'ouvrait ! Mais laquelle ? Comment cela pouvait-il être possible ? Il ne pouvait le croire, le comprendre et encore moins l'admettre, dans l'immédiat. En même temps, c'était comme si tout s'effondrait autour de lui. Cette nouvelle hypothèse le déstabilisait sérieusement. Vingt ans de sa vie avaient été bâtis sur cette évidence ! En sortant de prison, il savait ce qu'il allait faire, à qui il allait faire payer l'injustice dont il avait été victime. Or, voilà que tout s'écroulait... Ses yeux s'enfuyaient vers ses cauchemars où personne ne pouvait le suivre. Il lui déplaisait d'en rester là, dans ce flou, sans avoir de nouvelle issue, d'hypothèse différente. Il avait tellement besoin d'une piste, d'un nouveau but… Il ne cessait de tenter de percer du regard les états d'âme de Phil et François. Ce que ces derniers comprirent immédiatement. Ils imaginaient toutes les pensées d'Arnaud Kergloan et se disaient que, s'il n'était pas le coupable, ce qu'ils voulaient encore croire, ils avaient besoin de le rassurer et de lui demander de se montrer patient…

— Patient, patient… vous en avez de bonnes ! Vingt ans que je végète entre quatre murs, en croyant à ce que je crois et, aujourd'hui, vous venez me laisser penser que, moi aussi, j'aurais pu me tromper, c'est ça ?

— Tout le monde peut se tromper ou commettre une erreur dans la vie. Alors, pour vous, pour nous, pour n'importe qui, celle-ci pourra être bénéfique ou fatale comme un soleil de printemps. Tout dépend comment on s'y expose !

Soudain, Arnaud n'écoutait plus, il se sentait ailleurs. La voix de Phil était comme un rêve, elle le berçait, le charmait et l'endormait… Sa voix charriait des images lointaines et des pensées floues qui allaient, malgré tout, vers des accomplissements inexorables dont il était le seul à avoir idée… Non qu'il en espérât des merveilles, non qu'il se crût intouchable. Simplement, toutes les données paramétrées dans son cerveau venaient de changer d'un seul coup et il lui faudrait du temps pour l'admettre et croire à de nouvelles. Il devait accepter de se dépouiller de toutes ses présomptions et se retrouver l'âme vacante, le cœur vide, l'esprit sur l'inconnu qui l'attendait. Il finit par secouer la tête avec lenteur. À cet instant, il admirait Phil et finit par dire :

— Je n'en reviens pas… mais je vous fais confiance.

Ils parlèrent encore longtemps de cette affaire. Phil et François lui dirent de différentes manières qu'il devait accepter l'idée que la vérité n'était pas forcément celle qu'il s'était forgé et, encore moins, celle proposée par la police et la justice précédemment. Ce n'était pas un exercice aisé, mais il devait commencer à l'intégrer. Au moment de se séparer, il leur fit un tragique sourire. Phil tenta de lui apporter du réconfort en lui serrant très fort la main.

Avant de quitter le parking de la prison, Phil et François ressortirent le rapport du dossier qui faisait état des marques visibles sur Arnaud et que celui-ci avait consigné. Il était écrit : « *Arnaud Kergloan portait au visage et sur le corps des traces d'horions qu'il n'avait pu se donner lui-même ni n'avaient pu lui être portés par la victime…* »

— On dira ce qu'on voudra, mais là… de deux choses l'une : soit Jacques Le Questel minimise sa première altercation, pour des raisons que nous ignorons ; soit Arnaud veut nous faire croire à une seconde agression alors que, comme le dit notre collègue de la police, il ne s'agirait que des traces de la première. Difficile de le savoir aujourd'hui et de bien distinguer ces deux situations…

Sur la voie express qui les ramenait à Quimper, Phil et François se sentaient le cœur plus léger. Ils venaient de faire un grand pas, non pas dans la résolution de l'affaire, mais dans le fait d'avoir déstabilisé Arnaud.

Ils pensaient désormais qu'en sortant de prison, le premier objectif de ce dernier ne serait pas de se venger sur Jacques Le Questel et David Minven, voire de se faire justice après. Ils espéraient qu'il allait au moins attendre d'avoir de plus amples informations. Ce qui voulait dire, néanmoins, qu'il leur appartenait de ne rien négliger pour découvrir réellement le meurtrier. Et là, tout restait à faire…

En arrivant à hauteur de Châteaulin, François, tout en repensant inlassablement à ce dossier, eut une idée :

— Amélie Motreff avait eu un petit amoureux. Nous ne savons pas qui des deux a abandonné l'autre. Or, dans la plupart des meurtres prémédités, à caractère sexuel, ce qui est notre cas, ceux-ci exigent outre du chagrin, de l'humiliation voire de la névrose, outre tout ce que tu veux, de la cruauté, du plaisir pris à exécuter l'acte macabre… Et si c'était son précédent petit copain, qui, vexé d'avoir été éconduit, serait revenu à la charge avec la complicité d'un copain ? Et voilà comment une jeune fille parfaite, exempte de turpitude a pu, malgré elle, provoquer son propre assassinat…

— Cela me semble effectivement une bonne idée. D'autant plus que le dossier ne fait figurer nulle part cette liaison antérieure comme pouvant être liée au meurtre.

— Ce qui veut dire que nous devons rencontrer ses parents, s'ils vivent toujours, afin d'obtenir l'identité de son précédent petit ami. Nous allons devoir l'interroger et vérifier son alibi.

— C'est effectivement une piste qui mérite d'être suivie. La grande majorité des homicides est le fait de proches de la victime : tout doit être envisagé. Pour cet après-midi, c'est râpé, mais on étudie cette question, dès que possible.

Ils eurent le temps de venir au commissariat afin de remettre les prélèvements à Joël Le Traon. Ils tombaient bien, les scientifiques devaient passer les prendre en début d'après-midi ainsi que ceux effectués la veille. Ils lui remirent leur dernier PV recopié sur clef USB. Ils s'accordèrent quelques minutes pour avaler un casse-croûte dans la salle de pause, prendre un café et repartir à toute vitesse. Quatorze heures… Ils arrivaient chez l'interlocuteur de l'Association Contre les Injustices De La Vie.

Grand, cheveux gris, élégant, belle prestance, col ouvert, pantalon et blouson de toile mastic, l'homme au visage avenant les accueillit sur le pas de la porte de sa maison située dans un petit jardin en retrait de la rue pentue du Frugy à Quimper. Il les invita à entrer et à prendre place dans la salle de séjour car il éprouvait quelques problèmes de dos, leur dit-il, et préférait s'asseoir sur une chaise autour de la table plutôt que dans les fauteuils trop moelleux du salon où une cheminée élégante, réconfortante et au charme désuet, attira leur regard. La pièce était chaleureusement décorée. L'ensemble était, de toute évidence, choisi avec un goût certain qui démontrait que le fait d'être à la retraite était parfaitement compatible avec celui d'avoir un petit côté artiste. Un léger parfum se dégageait de ce lieu, inspirant un bien-être apaisant.

La maison paraissait chaude, accueillante ; objets, paysages agrestes aux murs, dentelles et faïences d'art, produites dans la ville même, apportaient à cet intérieur une réelle douceur de vivre. Ce cadre révélait une personnalité attachée à son passé, sa culture, son histoire.

Deux épais dossiers trônaient sur la table et un autre, sur un meuble bas, signe que leur interlocuteur avait préparé leur visite.

— Vous venez pour cette terrible affaire d'Arnaud Kergloan…

— Effectivement. Pouvez-vous nous dire qui vous êtes et quel est votre rapport avec cette affaire et la famille ?

— Je m'appelle Jean Kérustum, j'ai soixante-dix ans et suis veuf. Le grand-père d'Arnaud était mon meilleur ami. Nous étions dans le même club-service de la ville et dans diverses autres associations, à titre bénévole.

— Qu'exerciez-vous comme métier ?

— J'étais juriste pour un groupe d'avocats à Quimper. Avec le grand-père d'Arnaud, nous avions eu l'idée de créer cette association. Au départ, c'était pour notre affaire précisément. Cependant, l'objectif visait beaucoup plus loin car nous avions envisagé de nous en servir pour tout type d'affaire de ce genre et ainsi mettre nos connaissances et notre expérience au service de personnes dans la détresse suite à une injustice de la vie.

— C'est une initiative qui est tout à votre honneur.

— Oh, vous savez, nous étions encore en activité et la retraite approchait. Cette action pouvait constituer une occupation saine et utile, tout en nous faisant travailler nos méninges !

— Et que s'est-il passé ?

— En réalité, elle n'a servi que pour cette affaire. En effet, le décès brutal de mon ami, membre fondateur, a fait que personne ensuite autour de moi ne m'a suivi dans la poursuite de notre engagement.

— Avant que nous entrions dans le détail de cette affaire, donnez-nous votre sentiment…

— Mon sentiment… Il s'accorda le temps de la réflexion avant de poser ses réponses. Je dirais qu'il est partagé en deux parties. La première : devant la fougue du grand-père d'Arnaud, nous avons passé des jours et des nuits à rechercher l'indice, le détail, les éléments qui feraient basculer toute l'affaire à notre avantage. Je vous avoue que c'était passionnant, grisant même, et nous sommes allés jusqu'à la réouverture de l'affaire… mais aussi, au résultat négatif que vous connaissez à son issue… face à l'engeance de la justice.

Ses yeux s'étaient animés d'une réelle excitation durant quelques secondes. Puis, il marqua un temps de silence avant de reprendre de façon plus grave, plus détachée aussi :

— Quant à la deuxième : la motivation de son grand-père s'était amenuisée à mes côtés, ne jouant plus le rôle d'aiguillon et j'ai au même moment, perdu mon épouse, suite à une longue maladie… J'ai donc pris beaucoup de recul sur ce dossier. J'avais l'impression de me retrouver seul avec mes doutes et je me posais sans cesse et, pour la énième fois, les mêmes questions : Arnaud est-il innocent ? À la longue, cette incertitude a fini par faire travailler mon imagination de façon négative, au point parfois de songer à son éventuelle culpabilité. Dieu, que cette situation me fait mal ! Voyez-vous, c'est pour cette raison que je n'ai pas trop voulu par la suite me lancer dans d'autres affaires de ce genre. Mais je suis content que vous la repreniez, car vous disposerez de connaissances et de moyens que nous n'avions pas, alors… Allez savoir !

— Si je résume, reprit François, vous êtes plutôt resté sur un bilan mitigé dans cette affaire.

— On peut le dire comme ça.

François résolut de se montrer calme et professionnel :

— Quels étaient les points sur lesquels vous aviez bâti votre défense ?

— Il y en avait plusieurs. Les blessures de la jeune fille nous paraissaient incompatibles avec la situation dans laquelle elle avait été découverte.

— C'est aussi notre sentiment, précisa aussitôt François en regardant Phil qui approuvait d'un signe de la tête.

— Et puis, les coups portés à Arnaud, en deux temps, c'est-à-dire la veille et la nuit du meurtre, nous ont toujours chiffonnés.

— Nous aussi…

— Oui, mais voilà, comment le prouver ? Mais l'élément déterminant a été le témoignage visuel d'un témoin que nous avions découvert…

— Ah ? Lequel.

— Celui de la personne âgée qui venait promener son chien, chaque soir à la tombée de la nuit, avant de se coucher. Elle avait vu la voiture d'Arnaud garée près du blockhaus vers vingt-deux heures trente, vingt-trois heures environ, c'est-à-dire l'heure à laquelle la jeune fille se trouvait à l'hôpital…

— Mais nous n'avons pas cet élément au dossier ! réagit vivement Phil.

— Eh non. Cette personne est décédée, brutalement, d'un arrêt cardiaque, peu de temps après nous avoir confié cette information.

— Comment avez-vous fait alors ?

— Au tribunal, nous avons fait venir son épouse qui est aussi décédée depuis, afin qu'elle confirme ses propos. Mais, la pauvre dame a été manipulée par les questions posées par la défense, au point qu'au final, elle ne pouvait plus certifier si son mari avait vu la voiture le soir du drame ou un autre soir ! Car elle avait eu la mauvaise idée de dire qu'elle accompagnait "parfois" son époux et qu'elle aussi, se souvenait avoir vu cette voiture à l'endroit évoqué. Le doute étant établi, notre témoignage tombait à l'eau ! Faut dire qu'en face, ils étaient particulièrement nerveux. Arnaud était coupable et tout le reste était de la foutaise, pour eux ! Et ils ont gagné.

— C'est vraiment dommage.

— Nous avons commis une erreur. Nous aurions dû enregistrer et filmer son témoignage sous serment et face à des personnes assermentées, pour qu'il ait valeur de preuve au tribunal. Malheureusement, nous n'avions pas imaginé qu'il allait disparaître aussi brutalement et n'avons pas pris les précautions nécessaires…

— Nous ignorions ce fait précis. Il était, effectivement, particulièrement déterminant. Il aurait pu faire basculer le procès, au moins au bénéfice du doute…

— C'est certain. Car ce témoin formulait avec certitude ses propos. C'est pour cette raison que je vous disais que, dans un premier temps, nous y croyions et nous détenions des cartes en main... Dans un deuxième, seul face à toute cette affaire, mes croyances se sont étiolées.

Ils discutèrent encore longuement. Jean Kérustum avait ouvert ses dossiers et en reprit avec Phil et François différents passages, mais il n'en ressortit rien de déterminant. Il était plus de seize heures quand ils quittèrent ce charmant personnage pour se diriger vers Concarneau.

Tout au long de la route, ils ne cessaient de repenser à cet élément qui aurait pu faire changer le cours des choses... Alors qu'ils en étaient encore à cette étrange pensée, ils descendirent l'avenue de la Gare, peu encombrée par la circulation, et longèrent l'avenue Pierre Guéguin... L'horloge annonçait dix-sept heures au beffroi de la Ville Close. Le long du quai Pénéroff, ils ralentirent pour profiter du calme reposant du port de plaisance avant d'emprunter le virage en épingle à cheveux qui permet de passer devant le Marinarium et le Laboratoire de Biologie Maritime pour déboucher dans le quartier de la Croix.

Ils purent se garer sans difficulté au pied du phare qui affichait fièrement le nom de « *La Croix* », tout de blanc et de rouge. La nuit venue, tourné vers le large, celui-ci communique ses signaux aux bateaux qui entraient au port. De l'autre côté de la rue, la petite chapelle de La Croix (XVe-XIXe siècle) ne sonne plus la cloche, depuis longtemps, par temps de brume pour prévenir les chaloupes de l'approche du rivage mais elle appelle le promeneur à venir la visiter et à découvrir une des expositions qui s'y succèdent, nichée dans son petit parc de verdure.

Avant de se rendre chez Brigitte Kérose, ils s'accordèrent quelques minutes pour marcher sur le quai de La Croix, remarquablement aménagé pour les piétons. Le temps clair et sans nuage offrait à l'air une totale transparence. En face, de l'autre côté, la pointe du Cabellou paraissait toute proche et la petite maison en granit du fort Vauban se distinguait parfaitement. Voiliers et bateaux à moteur allaient et venaient, les uns vers l'entrée du port, les autres vers le grand large et l'archipel des Glénan que l'on remarquait parfaitement à l'horizon, même si une vingtaine de kilomètres le séparait de cet endroit.

François et Phil ne se lassaient jamais de ce décor. Mais ils devaient revenir à leur enquête. Ils traversèrent la rue pour se rendre dans l'immeuble dont la façade inclinée donnait l'impression d'être un toit de maison dans lequel s'étageaient de nombreux appartements dont la vue était imprenable, face à la baie, car ils bénéficiaient d'un emplacement exceptionnel.

Ils sonnèrent, la porte s'ouvrit sur une femme de taille moyenne, la quarantaine bien portée. Elle sourit, deux jolies fossettes se creusèrent dans ses joues. Elle parla d'une voix suave. Vêtue d'un jean et d'un tee-shirt dont les motifs vantaient la Bretagne et le pays bigouden en particulier, menue, de taille moyenne, elle avait des yeux noirs brillants et vifs qui exprimaient la bonté, et une chevelure brune, souple et ondulée. Sa poignée de main était ferme et sa paume, chaleureuse.

Après de rapides présentations, elle les invita à entrer et les installa dans le salon agrémenté de deux superbes bouquets de fleurs en provenance certainement d'un jardin de la région. Diverses étagères et meubles bas exposaient gondole, pagode, poupées créoles et matriochkas, souvenirs de pacotille de voyages comme pour créer une collection. Dans un angle, une lampe ornée d'un abat-jour fantaisie, au pied, une coupelle décorative où se consumait un bâtonnet d'encens. Le sol disparaissait sous les poufs dispersés sur le tapis. Dans un autre angle, un guéridon supportait une statue égyptienne. Une lithographie de qualité, fixée au mur, trônait au-dessus du canapé. Le lieu dégageait une réelle sérénité. Les baies vitrées donnaient sur un balcon et offraient, sur l'extérieur, le décor qu'ils venaient de quitter, mais avec le bénéfice de la hauteur du troisième étage.

François démarra l'entretien :

— Comme je vous l'ai dit au téléphone, nous souhaitons reparler avec vous de la disparition de votre amie, Amélie Motreff.

Malgré tout le temps passé depuis ce drame, il lut dans ses yeux une expression d'effroi, signe que la plaie restait encore ouverte. Il remarqua alors qu'elle avait noirci et allongé ses cils, ce qui faisait ressortir la clarté singulière de son regard.

— Nous savons que vous avez dû être amenée, à de multiples reprises, à répéter les mêmes propos et nous sommes désolés de venir, aujourd'hui encore, vous infliger ce pensum qui ne fera que vous faire revivre ces moments pénibles et raviver ces souvenirs.

François lui demanda de rappeler les faits de la veille, au bar-dancing situé aux Sables-Blancs. Les propos correspondaient parfaitement à ceux de Jacques Le Questel, de David Minven et d'Arnaud Kergloan. Elle confirma aussi le déroulement de l'entretien entre Amélie, elle et Arnaud et l'attachement naissant entre Amélie et Arnaud, à la fois « tendre et touchant », précisa-t-elle. Elle revoyait encore ce jeune homme au regard énamouré. Ils étaient bien convenus d'un rendez-vous pour le vendredi suivant. Arnaud devait venir chercher Amélie car elle ne conduisait pas et ne possédait pas de voiture. Elle se souvenait parfaitement de la joie qu'Amélie se faisait de retrouver Arnaud et de passer la soirée avec lui, elle le lui avait confié dans la voiture, sur le chemin de l'hôpital.

Tout était rigoureusement conforme aux informations qu'ils détenaient déjà. L'important, pour les deux OPJ, était de bien intégrer ce qui allait suivre, ils en attendaient beaucoup.

— Dites-nous, précisément, comment se sont déroulés les événements depuis votre départ des Sables-Blancs vers l'hôpital, demanda François en cachant son impatience.

— Nous sommes parties toutes les deux. À peine une quinzaine de minutes après, nous arrivions à l'hôpital.

— Vous êtes-vous arrêtées en route ?

— Non.

— Pourquoi ne pas l'avoir déposée chez elle en passant ?

— Parce qu'elle préférait venir avec moi jusqu'à l'hôpital, discuter un peu avec les collègues et rentrer ensuite tranquillement à pied, car ce n'était pas loin.

— Savez-vous si vous avez été suivies, soit par Arnaud, soit par les autres jeunes ?

— Non. Pas à ma connaissance. J'ai garé ma voiture dans l'enceinte de l'hôpital et nous nous sommes rendues au local de pause. C'était le changement de service, il y avait plus de passages. Quatre jeunes étudiants en médecine discutaient ; deux d'entre eux prenaient leur service tandis que deux autres venaient de terminer le leur. Comme la plupart du temps, il y avait une excellente ambiance. Deux autres élèves infirmières y participaient. Tous blaguaient et riaient et les deux jeunes filles sont parties dès notre arrivée.

— Y avait-il une raison pour qu'elles partent ?

— Non, aucune, c'était un départ tout à fait naturel.

— Bien. Donc, rien à voir avec votre arrivée ?

— Non. La soirée avait été très paisible et les collègues s'attendaient à une nuit très calme, et ce fut le cas.

— Et Amélie ?

— Elle s'est mêlée au groupe et, rapidement, s'est retrouvée avec un verre à la main, tout en plaisantant avec eux…

— D'alcool ?

— Non, sûrement pas. C'est interdit. Il me semble que c'était du jus de fruit. Deux carabins sont partis dans les services et il ne restait qu'Amélie et les deux autres qui s'apprêtaient à regagner leur logement. C'est à ce moment-là que je leur ai fait la bise pour les saluer et regagner mon service.

— Quelles étaient leurs intentions, au moment de votre départ ?

— De rejoindre leur logement pour aller se coucher.

— Êtes-vous certaine de cette issue ?

— Oui, car les deux étudiants ont confirmé qu'ils se sont séparés d'Amélie au moment où elle quittait l'hôpital et empruntait à pied la rue de Trégunc pour rejoindre son domicile, au Rouz.

— C'est à ce moment précis que tout se joue ! rajouta Phil qui écoutait attentivement en notant scrupuleusement les propos.

— C'est ce que les deux étudiants ont déclaré aux enquêteurs qui étaient venus nous interroger, à l'époque et c'est aussi ce qu'ils m'ont dit plus tard, quand nous en avons reparlé. Ils étaient bien partis, au même moment, de la salle de pause et, ensuite, eux deux sont montés dans la même voiture et Amélie a quitté les lieux à pied, de son côté.

— Comment étaient ces deux étudiants ?

— Ils étaient un peu plus âgés que nous. L'un s'appelait Florian, mais je ne me souviens plus de son nom, originaire de Concarneau, plutôt "beau mec" et très sympa en plus, toutes les filles le regardaient d'un bon œil ; l'autre se prénommait Renaud, un vrai petit con, sale caractère, râleur, agressif sans raison même parfois, le petit con parfait ! Pas le foudre de guerre. Il faisait l'unanimité contre lui, quand nous en parlions, entre nous, sans doute à cause de son côté un peu ahuri, maladroit. Le genre de petit type nerveux, vindicatif qui n'a rien pour plaire !

— Auraient-ils pu partir ensemble ? Je veux dire tous les trois dans la même voiture ?

— Non. Certainement pas. Il faut savoir qu'il existe une certaine ségrégation entre médecins et infirmiers, en général, et cela commence déjà lorsqu'ils sont étudiants. Et c'était le cas. L'étudiant en médecine n'estime pas une élève infirmière et encore moins une aide-soignante… Pas la même caste si vous préférez ! Certains étudiants en médecine se la jouent ! expliqua Brigitte Kérose qui s'était détendue au fil de la conversation et arrivait à plaisanter, même si le sujet restait grave.

— Donc, si nous vous suivons, il est peu probable qu'un des deux étudiants en médecine se soit amouraché d'une élève infirmière, voire l'ait draguée…

— Oui, totalement. Ils ne se privent pas pour nous charrier, avoir la main leste, et certains gestes déplacés parfois, mais cela ne va jamais plus loin, car ensuite, nous devons nous côtoyer en permanence dans les services mais, pour un étudiant en médecine, séduire une élève infirmière serait dévalorisant. Il serait peut-être même victime des quolibets de ses camarades de promo…

— La piste s'arrête donc à la sortie de l'hôpital, Rue de Trégunc, qu'Amélie emprunte à pied pour rentrer chez elle…

— Et après, plus rien, conclut-elle en haussant les épaules, comme marquée par une certaine lassitude.

— Nous avons noté qu'elle s'était séparée de son petit copain, savez-vous comment cela s'était passé ?

— Pas bien, pour ne pas dire très mal. C'était un ami d'enfance et de lycée, habitant du côté de chez elle, vers Carhaix. Ils se voyaient de moins en moins car lui, avait réussi des concours pour entrer dans un service public et commençait à travailler sur Paris. Elle ne voulait pas entendre parler de Paris. Le cursus de formation qu'elle suivait correspondait à sa vocation. Il faut dire qu'elle l'avait… la vocation…

Pour la première fois, les yeux de Brigitte s'embuèrent… Elle se tint silencieuse quelques secondes. Son visage s'était tendu. Ses yeux regardaient loin devant elle, dans un quelque part indéfini. Sans doute submergée par le chagrin, elle revoyait Amélie, sa voix, son sourire, cette gravité dans le regard, cette grâce aussi… Puis, ayant repris ses esprits, elle poursuivit, le regard éteint et d'une voix atone :

— Son copain ne voulait pas rompre avec elle. Il s'accrochait à elle, il vivait mal sa vie parisienne, loin des siens. Mais, pour Amélie, les choses étaient claires, sa décision était prise, elle ne voulait plus le voir. La priorité était son métier, la vie en Bretagne et, sur la côte sud, en particulier. Concarneau l'avait séduite et elle s'y plaisait beaucoup. Son souhait était de pouvoir rester y travailler et y vivre, à défaut, d'aller travailler à Quimper s'il n'y avait pas de poste à Concarneau. Sa rencontre avec Arnaud la comblait de joie… Cette rencontre était aussi belle que celle de l'orpailleur découvrant une pépite, la veille du jour où il allait y renoncer ! Elle croyait totalement en l'avenir. Elle se disait que la providence avait mis sur sa route ce jeune homme qui savait donner une valeur positive aux choses de la vie… bref, elle l'aimait déjà. Elle était belle, douce, romantique, tout en étant très réaliste.

— Et vous, comment aviez-vous perçu Arnaud ?

— Comme quelqu'un de doux, gentil, fragile peut-être même, délicat aussi. Ils allaient bien ensemble.

— Et quand vous avez appris sa culpabilité, comment avez-vous réagi ?

— Je n'arrivais pas à y croire et je n'y crois toujours pas, aujourd'hui… Ou alors, il y avait deux personnes en lui : l'une portant le Bien et l'autre le Mal. Mais il serait, dans ce cas, un terrible acteur pervers, ce que je renonce à admettre… Mon espoir demeure, coûte que coûte, qu'il ne soit pas à l'origine de ce drame, reprit-elle, tandis qu'on pouvait lire, à cet instant, dans son regard, une certaine compassion.

— Qui d'autre verriez-vous comme “coupable potentiel” ?

— J'aurais plus facilement attribué cela à un des gars de la bande de faux caïds qui sévissait dans les bars et les dancings de la région de Concarneau. Mais, une fois de plus, je vous le dis de façon totalement intuitive et sans la moindre preuve. Malgré le procès et la condamnation d'Arnaud, cette affaire est toujours restée une énigme pour moi, une histoire inachevée…

— Vous ne croyez donc vraiment pas à sa culpabilité ?

— Non. Du tout.

D'une voix douce, elle redit sa conviction… Les deux OPJ sentaient bien que jamais rien ne la ferait changer d'avis. François abonda dans son sens.

— C'est ce que nous allons tenter de démontrer.

— Mais pourquoi avoir attendu vingt ans pour cela ?

— Parce que des moyens techniques et scientifiques nouveaux permettent aujourd'hui de découvrir des informations que nous ne pouvions pas détecter à l'époque, en ce qui concerne l'ADN notamment. Ce n'est pas à vous que nous allons expliquer cela : dans le monde médical, d'énormes progrès ont été réalisés ces dernières années…

— Oui, c'est vrai… Mais, tout de même, si vos investigations permettaient de révéler des éléments qui viendraient innocenter Arnaud et condamner le vrai coupable, cela me soulagerait… Ce serait aussi un réconfort personnel vis-à-vis d'Amélie et d'Arnaud. Je pourrais à nouveau les associer dans mon esprit et dans mon cœur, ce que je n'ai jamais pu faire vraiment, jusque-là…

Elle s'arrêta de parler quelques secondes avant de tendre le bras en direction du balcon :

— Vous voyez par la fenêtre, au loin ? Chaque matin, mon premier regard va toujours vers là-bas, la pointe du Cabellou, où je n'ai jamais remis les pieds depuis ce drame, je n'ai pas pu, je ne peux pas… Si la vérité éclatait enfin, je pourrais faire mon deuil de cette terrible affaire et alors, je me rendrais à la pointe et mon âme et mon cœur seraient en paix. Je sais que, pour Amélie aussi, ce sera le cas, car, là où elle se trouve, cette situation ne peut que la hanter.

— Nous comprenons. Sachez que nous ferons tout pour qu'éclate la vérité, si toutefois celle-ci s'avérait être différente de celle admise par la justice. Nous pouvons toujours détenir toutes les analyses scientifiques possibles, notre métier garde pour autant ses limites et nous n'influencerons jamais la nature humaine !

— Oui, je l'imagine. Pour moi, cette affaire montre que nous nous perpétuons sous les apparences de l'oubli ; même si certains êtres ont disparu, ils sont toujours là et nous appellent.

Son visage s'était détendu d'un coup, comme si cette discussion avait été un révélateur... Un avenir plus radieux allait-il prendre place et remplacer ses souvenirs trop lourds ? Phil, plus en retrait au cours de l'entretien, observait Brigitte Kérose avec empathie, devinant chez elle une sensibilité à fleur de peau. Il se disait que ceci devait se ressentir dans son quotidien auprès de ses malades à l'hôpital et que ceux-ci devaient l'apprécier.

Un silence s'était installé, il ne gênait aucun des deux hommes, cependant, tous deux cherchaient un moyen pour le combler. Brigitte conservait encore les yeux plongés dans ses pensées et devait peiner à en sortir. Phil aurait même voulu détourner le regard et, pourtant, il continuait à l'observer avec fascination en se disant que le visage des gens témoigne souvent de ce qu'ils sont... Cela ne dura que quelques instants.

Chacun reprit place dans la réalité du moment. François confirma qu'ils travaillaient d'arrache-pied sur cette affaire et comptaient beaucoup sur la science pour apporter des indices capables d'infléchir la sentence de la justice.

François et Phil restèrent silencieux en regagnant leur voiture. Ils portèrent leur regard une nouvelle fois, comme par instinct, vers la pointe du Cabellou, droit devant eux. Puis, ils traversèrent la ville pour reprendre la direction de Quimper.

— Cette affaire est troublante, nous ne cessons d'être projetés, comme une balle de ping-pong d'un côté à l'autre de la table... de la culpabilité à l'innocence !

— Oui. C'est désarmant. Raison de plus pour aller jusqu'au bout de notre démarche, le cas de conscience devient tel que nous ne pouvons plus reculer.

— Nous le devons désormais pour la grand-mère et la mère d'Arnaud, mais aussi pour Brigitte...

— Laissons passer le week-end et, lundi, reprenons chaque chose, peut-être aurons-nous les premiers résultats de nos scientifiques...

En arrivant au bureau, ils vidèrent leur sac, comme ils avaient pris l'habitude de dire, auprès de Joël Le Traon. Ce dernier leur confirma avoir entré le dossier dans le système SALVAC. Les scientifiques avaient bien récupéré les prélèvements et pensaient être en mesure de donner les premiers résultats dans le courant de la semaine prochaine.

Tous les trois décidèrent de s'accorder une pause au café emblématique du quai de l'Odet, question de sortir du cadre et de préparer le week-end. Ils éprouvaient le besoin de faire une coupure entre leur affaire et leur vie de famille…

Les rayons dorés du soir sur l'Odet se déversaient du ciel, au milieu des nuages lavande, éclairés à contre-jour, baignant la ville et illuminant la surface platine de l'eau. Une petite embarcation se cambrait pour rejoindre Quimper à contre-courant car la marée haute venait de basculer vers la basse.

# VII

*Lundi 15 septembre 2008.*

Tous les matins, Phil appréciait de se réveiller lentement avec les pâles lumières de l'aube. Cela constituait toujours un moment d'espoir, de silence et de calme, un moment pur qui ne pouvait appartenir à personne d'autre. Il détestait sauter du lit et se jeter brutalement dans le quotidien, sans s'octroyer ne serait-ce que quelques minutes de tranquillité et de plaisir. En cette heure de grâce, il aimait laisser le temps s'étirer. Clémence, dans la chambre voisine, venait d'émettre quelques gazouillis, la vie reprenait son cours tout doucement… et c'est ce qu'il affectionnait le plus.

« Les belles journées n'existent qu'au petit matin », se disait-il, sur la route qui le conduisait au commissariat. « Les aubes sont l'illusion de la beauté du monde. Quand celui-ci ouvre les yeux, la réalité reprend ses droits. Et l'on retrouve le merdier que l'on a quitté la veille… » Il pensait déjà au travail qui l'attendait dans l'affaire d'Arnaud et d'Amélie. Celle-ci le préoccupait au plus haut point. Pendant ces deux belles journées d'été, il avait réussi à faire une coupure salutaire mais, désormais, rien n'aurait plus d'importance que d'avancer dans son enquête.

Il retrouva avec plaisir François et Joël qui plaisantaient devant la machine à café. D'autres collègues discutaient à côté. Le temps de saluer tout le monde, de saisir le café que François lui tendait, d'attraper, ici ou là, des bribes de conversation qui allaient de la pêche en mer à la chasse, en passant par les résultats au football, et tous les trois prirent la direction de leur perchoir sous les toits pour reprendre le dossier où ils l'avaient arrêté le vendredi soir.

Ils consacrèrent la matinée à tout intégrer et à s'organiser pour les jours à venir. Ils avaient pris rendez-vous avec les parents d'Amélie qui tenaient toujours une ferme, non loin de Carhaix. Ils avaient retrouvé la trace du copain d'Amélie qui, après avoir exercé à Paris, travaillait désormais dans une administration du service public à Rosporden. Joël s'était consacré à la recherche des deux étudiants en médecine, mais ne les avait pas encore localisés : leur cursus était plus complexe entre les études, les spécialités, l'internat dans certains hôpitaux, il devait suivre le fil pour arriver jusqu'à eux.

Phil et François se contentèrent d'un casse-croûte rapide et d'un café avant de prendre la direction de Carhaix pour arriver à destination vers quatorze heures trente.

En arrivant à la ferme, un splendide chien blanc et

noir, un border collie, vint à leur rencontre en émettant quelques aboiements, mais plus pour donner l'alerte à ses maîtres et recevoir les nouveaux arrivants que pour se montrer agressif ou défendre son territoire.

Ces chiens sont une véritable télécommande pour les bergers lorsqu'il s'agit de conduire d'importants troupeaux. Doux et intelligents, ils savent suivre les ordres du maître d'une façon remarquable.

Ils s'arrêtèrent devant le bâtiment qui devait être la maison d'habitation.

— Loustic ! lança une voix masculine derrière eux. Et le chien vint aussitôt vers son maître qui sortait de la grange et se dirigeait vers eux. N'ayez crainte, il n'est pas méchant !

La vie à la ferme semblait calme. Une fidélité aux actes les plus simples. Plus de la soixantaine, l'homme marchait d'un pas traînant, les mains dans les poches, vêtu d'une salopette bleue de travail et de bottes vertes en caoutchouc. Le visage buriné par le temps, marqué par le soleil et les intempéries, il affichait un air triste. Avec sa bonne tête de paysan, à la chevelure et à la fine moustache poivre et sel, il affichait une certaine rusticité et semblait placide, quand il s'arrêta devant eux. Ils se présentèrent et, au même moment, une femme apparut à la porte de la maison. À peu près du même âge, elle portait sur ses vêtements une blouse en nylon fleuri. Pas très grande, plutôt ronde, impossible de retrouver en elle les traits de leur fille Amélie, tout au moins selon les photos dont disposaient les OPJ dans le dossier. La bonté se lisait sur leur visage.

Ils échangèrent quelques mots et les deux OPJ furent invités à entrer dans la grande cuisine de la maison et à s'asseoir autour de l'imposante table familiale en bois, recouverte d'une toile cirée colorée. Les éléments de cuisine en chêne rendaient la pièce cossue. Ils entendaient, dans la pièce d'à côté, le carillon d'une horloge qui marquait l'empreinte au temps.

— J'ai fait du café, en voulez-vous ?

— Avec plaisir, il sent très bon, répondit François qui pensa que prendre un café ensemble pouvait créer un rapport plus convivial, compte tenu des douloureux souvenirs qu'ils venaient remuer, une nouvelle fois, chez ce couple de braves gens.

François expliqua leur démarche, les progrès scientifiques et la nécessité de réétudier, d'une façon plus pointue, ce dossier. Au fur et à mesure qu'il avançait, le père de la jeune fille paraissait traumatisé par les propos.

— Pendant tout ce temps ! dit-il. Vous imaginez la haine que j'ai… il regarda son épouse et précisa, que nous avons accumulée envers cet homme ? Ce mépris sans bornes ! Ce sont les seules véritables émotions que nous ayons ressenties jusqu'au procès et sa condamnation. Et puis, cela a recommencé avec cet appel et la réouverture du dossier, pour rester sur le même résultat. Alors, aujourd'hui, nous aurions préféré en rester là.

Le ton de l'homme était aimable, mais la haine et la tristesse se lisaient dans son regard et il ne cachait rien de ses états d'âme.

— Nous comprenons parfaitement ce que vous pensez et ressentez, mais nous vous affirmons que les nouveaux moyens scientifiques permettent de mettre au jour des “révélations” parfois inattendues.

— Nous n'en doutons pas et nous sommes informés de ces progrès par les journaux et la télé... mais, dans notre cas, nous sommes sceptiques.

Sa femme essuya une larme sur la joue et approuva de la tête. Elle avait pâli et grimacé en gémissant à plusieurs reprises, comme si elle ressentait une douleur intérieure. Pourtant, elle faisait de réels efforts pour lutter contre ses émotions.

— Nous pouvons vous assurer que nous allons tout faire pour vérifier scrupuleusement chaque élément du dossier...

— Cela ne fera pas revenir not'fille.

— Nous le savons, mais dans notre métier, la vérité est une chose fondamentale et si un doute apparaît, il doit être levé... car emprisonner un homme pendant des années, s'il n'est pas coupable, est aussi terrible à supporter.

Les deux OPJ étaient affligés par tant de détresse. Ils lisaient sur leurs visages, plus de fatigue, de tristesse et de suspicion que d'exaltation et décelèrent une authentique souffrance sur leurs traits. Ils évoquèrent un certain nombre de points du dossier sans qu'ils n'apprennent quoi que ce soit de nouveau ou d'intéressant. Les parents d'Amélie ne faisaient que confirmer ce qu'ils savaient déjà. François voulait surtout en savoir plus sur les relations de leur fille avec le copain dont elle s'était séparée :

— Connaissiez-vous le petit ami que votre fille avait quitté quelque temps avant le drame ?

— Julien ? Évidemment ! Vraiment un brave garçon ! Nous connaissons aussi ses parents, des gens bien. Ah, si elle était restée avec lui, peut-être que tout cela ne serait jamais arrivé... Allez savoir !

— Parlez-nous de Julien Le Stang...

— Je ne peux pas le faire sans évoquer son copain inséparable, Fabien Guilers. Deux copains d'enfance de not'fille depuis la maternelle. Ils étaient comme frères et sœur tous les trois. C'était toujours un plaisir pour nous de les voir ensemble. Des jeunes sérieux, je veux dire qui ne s'adonnaient pas à l'alcool comme, hélas, trop de jeunes et qui ne fumaient pas non plus. Nous étions heureux que not'fille ait ce genre de fréquentation. Et puis, après le bac, tout a basculé.

— Comment ça ?

— Ma fille avait toujours rêvé de devenir infirmière et, pour rien au monde, on n'aurait pu lui faire changer d'avis. Il était aussi, hors de question, pour elle, de quitter la Bretagne. Si les écoles et le lycée

Diwan (Écoles de langue bretonne) avaient eu l'importance qu'ils ont aujourd'hui, elle aurait certainement fréquenté ce type d'établissement, d'autant qu'à Carhaix, nous ne pouvons être mieux dotés.

— Votre fille était engagée dans un mouvement quelconque ?

— Non. Pas du tout. Simplement, sa terre de Bretagne était tout pour elle et elle n'envisageait pas de la quitter. Ce que nous comprenions et respections, et pour cause... nous partagions le même sentiment sur cette question. Mais, pour en revenir à Julien Le Stang, il avait suivi une première année de fac à Rennes, mais ne se sentait pas bien du tout dans cette voie. Aussi, en deuxième année, a-t-il tenté les concours administratifs. Il a réussi celui qui lui permettait d'intégrer la fonction publique... Dès lors, les rapports se sont tendus entre eux. Il tourna la tête vers son épouse comme pour avoir son assentiment avant de poursuivre : alors, nous avons pensé que c'était le début de la fin. Amélie n'avait rien contre Julien, mais elle ne voulait pas le suivre à Paris. Cependant, il lui restait terriblement attaché.

— Ils ne pouvaient pas trouver un compromis ?

— Non. Ce fut la rupture. Julien l'a très mal vécue. D'ailleurs, il est venu plusieurs fois ici et pleurait à chaque fois... Son copain, Fabien Guilers, qui voulait aussi rester dans la région, a fait quelques petits boulots mais, sans grand résultat. Rapidement, il s'est engagé dans l'armée. D'ailleurs, à l'heure actuelle, il a fait ses quinze ans et il travaille maintenant dans la région, vers Poullaouen, dans une entreprise qui transforme et commercialise du saumon fumé. Nous les avons perdus de vue après le décès de… not'fille. Mais nous avons toujours de leurs nouvelles de temps en temps. Depuis, notre vie n'a plus jamais été la même.

— Pensez-vous que Julien et Fabien… par jalousie, humiliation ou, que sais-je encore, auraient pu…

— Julien et Fabien ? Il se figea. Vous croyez qu'ils auraient pu faire du mal à Amélie ? Non ! Sûrement pas ! Deux gentils garçons, je vous l'ai dit, toujours corrects, jamais d'abus et ils aimaient trop… Amélie. Faut dire qu'elle était belle aussi et si gentille…

Il venait de lâcher cette remarque avec une pointe de fierté, même si sa voix était empreinte de résignation et de lassitude. L'émotion fut trop forte à cet instant et l'homme laissa couler une larme qu'il ne chercha pas à essuyer.

— Vous pensez que le coupable ne serait pas le jeune qui est en prison ?

— Nous ne savons pas, pour l'instant. Nous allons procéder à des analyses et expertises nouvelles qui n'existaient pas, à l'époque, pour tenter de vérifier certains points.

La femme se mit à pleurer. En dehors de quelques propos monosyllabiques, elle n'avait rien dit de précis jusque-là. Tout en hoquetant, elle leur demanda :

— Et vous allez devoir exhumer notre fille ?

— Non, Madame. Rassurez-vous. Les experts vont travailler à partir des scellés et notamment des vêtements qu'elle portait.

Il eut la charité de ne rien ajouter d'autre. La réponse soulagea le couple. C'était une évidence : une partie d'eux était morte avec le départ de leur fille unique.

Les deux OPJ s'étaient bien rendu compte que cette discussion les mettait véritablement au supplice et ils avaient tous les deux les yeux rougis. François et Phil échangèrent encore durant quelques instants sur des points précis avec eux, puis prirent congé. Le père esquissa, de ses lèvres pincées, un demi-sourire empreint d'amertume.

Ils regagnèrent leur voiture en se demandant si, comme le fait la neige aidée du vent, le temps pouvait effacer certains souvenirs chez ce couple de braves gens. Ils savaient cependant que le temps est le seul allié de ceux qui ont une plaie au cœur.

En quittant le long chemin qui menait de la ferme à la route qui reliait Gourin à Carhaix, Phil et François décidèrent de rendre visite à l'entreprise qui employait Fabien Guilers, question de vérifier quelques points. Ils passèrent par Carhaix pour se rendre à Poullaouen, puis à l'usine. Sur place, ils n'eurent aucune difficulté à faire appeler l'homme qu'ils voulaient rencontrer.

Celui-ci vint vers eux d'un pas décidé, enlevant le bonnet blanc qui cachait ses cheveux blonds. Grand, plus d'un mètre quatre-vingts, large d'épaules, des mains comme des battoirs, il paraissait être le genre d'individu à entretenir sa forme, à en juger par l'absence d'embonpoint. En les rejoignant, il enleva ses gants et son tablier tout en s'interrogeant, visiblement, sur cette visite impromptue. Une mâchoire saillante, des pommettes hautes, des yeux bleus, inexpressifs, composaient le visage carré de cet homme. François lui trouva l'air aussi sentimental qu'une chambre froide, sans doute question de contexte, se dit-il. Les présentations effectuées, les deux OPJ demandèrent à s'isoler dans un endroit plus discret. Il leur proposa de se rendre à la salle de pause, déserte à cette heure.

Ils s'installèrent autour d'une grande table, constituée de plusieurs tables réunies entre elles. Phil prit, cette fois, les directives de l'entretien. Il reprit certains détails du dossier sur lesquels Fabien Guilers ne fit que confirmer ce que les OPJ savaient déjà. Une chose importait : la soirée du drame.

— Nous savons que vous étiez très ami avec Julien Le Stang…

— Nous le sommes toujours.

— Très bien. Julien avait mal supporté la séparation d'avec Amélie…

— C'est le moins que l'on puisse dire. Il en a beaucoup souffert. À cette époque, et depuis de nombreuses années, il considérait qu'Amélie serait sa femme pour toute la vie…

— Nous comprenons. Pouvez-vous nous dire ce que vous faisiez, vous et lui, le dimanche soir, date de la disparition tragique d'Amélie.

La question lui vint comme un coup brutal qu'il reçut, droit au foie, sans esquive, il n'était pas préparé à cette question. Il prit le temps de la réflexion et bredouilla, sans parvenir à masquer une certaine gêne :

— Nous avions dû traîner dans un bar ou deux de Carhaix et après, nous avons dû nous rendre dans un dancing.

— Quelle heure était-il ?

— Vingt-deux heures, peut-être…

— Qui conduisait ?

— Moi. C'était mon tour de prendre ma voiture. Nous nous arrangions pour prendre notre véhicule chacun à notre tour.

— Quel dancing avez-vous rejoint ?

— Je n'en suis plus très sûr, mais je pense qu'il devait s'agir de celui qui se trouve à Laz, vous savez, du côté de Châteauneuf-du-Faou.

— Oui, nous voyons très bien mais, vous le pensez ou vous en êtes sûr ?

— J'sais plus, c'est vieux tout ça… Pourquoi ?

— Nos collègues policiers de l'époque ne vous avaient pas posé cette question ? demanda Phil aussitôt, évitant de répondre à la question de Fabien.

— Non. Personne ne nous a interrogés, je veux dire ni moi ni Julien. Pourquoi, ils auraient dû ?

— Nous ne le savons pas. Le dossier devant être prochainement classé définitivement, il nous appartient juste de vérifier certains points, c'est tout…

Cette réponse opportune et peu vraisemblable de Phil ne semblait pas satisfaire leur interlocuteur. La tension devenait palpable et Fabien Guilers se montrait terriblement mal à l'aise, croisant et décroisant régulièrement les jambes, examinant ses mains pour garder une certaine contenance.

Phil reprit :

— Un soir aussi tragique a dû vous marquer tout de même, il est étonnant que vous ne vous en souveniez pas davantage…

— Ce n'est pas hier, depuis, j'en ai fait des choses, alors, quand vous me demandez comment j'ai occupé ma soirée… un dimanche soir… il y a vingt ans, vous pensez bien que…

— Peut-être, mais ce n'est pas n'importe quel dimanche soir ! C'est celui de la disparition tragique d'une amie d'enfance, tout de même…

— Oui.

Son visage avait pris une expression étrangement énigmatique avec une apparence de désespoir. Il aurait pourtant aimé se défendre, sauf qu'il ne voyait pas trop comment s'y prendre. Il choisit donc de se taire. Phil poursuivit :

— Quel métier exerciez-vous à cette époque ?

— Je travaillais ici, mais, uniquement pour la saison. Alors qu'aujourd'hui, je suis en CDI toute l'année. À cette époque-là, la société qui m'employait portait un autre nom, celui du fondateur.

— Combien de temps après, êtes-vous parti à l'armée ?

— Après la saison, en janvier suivant.

— Dans quel corps d'armée, la légion ?

— Non. L'aéronavale. Je voulais apprendre un métier, mais finalement, j'ai fait carrière pendant quinze ans. Il existe un tel décalage entre les métiers de l'armée et ceux du civil… que je me retrouve encore ici, après tout ce temps. Mais au moins, je suis revenu au pays. J'encadre une équipe à la mise sous vide et au conditionnement…

— Très bien, si quelque chose vous revenait, appelez-nous. Voici notre carte.

— Ouais… mais je ne vois pas bien à quoi ça pourrait vous servir… Il regarda sa montre et rajouta : excusez-moi, mais il faut que j'y aille car je dois intervenir sur la chaîne et je ne voudrais pas retarder la production…

En s'éloignant, il remit son tablier, ses gants et son bonnet.

Il leur paraissait encore plus massif.

Phil et François ne répondirent pas et le saluèrent. Un goût amer leur restait dans la gorge. Cet homme, ils ne le sentaient pas. Ils éprouvaient le sentiment qu'il devait leur cacher quelque chose. En quittant l'enceinte de l'usine, François ne put s'empêcher de s'exprimer :

— Ce type-là doit avoir un caractère entier. Je l'ai senti rigide dans l'échange, imprévisible et déroutant.

— Je partage… Je ne le sens pas, non plus.

La voiture filait dans la campagne du Poher pour rejoindre Rosporden où ils devaient rencontrer Julien Le Stang. Ils espéraient que Fabien soit trop pris par son travail et qu'il n'ait pas eu le temps de téléphoner à son ami pour se caler sur l'entretien à venir…

Julien Le Stang occupait un poste commercial et était en rendez-vous quand ils le demandèrent. Ils patientèrent quelques instants. Enfin, il vint vers eux, au moment où il libérait ses clients.

De taille moyenne, le sourire aux lèvres, une voix claire et précise, mais sans aucune de ces inflexions qui traduisent l'existence d'une vie intérieure, il les accueillit comme s'il recevait des clients, d'une façon impersonnelle et d'un ton neutre. Il affichait l'allure du petit cadre commercial sans hauteur, dans son costume gris, sa chemise bleue à la cravate terne. Avec des cheveux châtains ondulés, un visage plutôt pâle pour la saison, que des lunettes n'arrivaient pas à vieillir, il était difficile de lui donner un âge, même si les OPJ savaient, par le dossier, qu'il avait la quarantaine. Il les invita à s'asseoir, en face de lui, sur les deux chaises mises à la disposition des clients, dans cette petite pièce où ils se sentirent claquemurés, puis il s'installa à sa place. Les mains sur son bureau, il parla le premier :

— Que puis-je faire pour vous ?

Lors de la prise de rendez-vous, il ne lui avait pas été indiqué qu'il s'agissait d'un entretien se rapportant au meurtre d'Amélie. Il semblait, visiblement, penser que les deux policiers venaient le consulter pour un de ses clients. Phil annonça l'objet de leur visite. Il changea instantanément de couleur et parut fort embarrassé. Fabien n'avait pas dû prendre la peine de se concerter avec lui. Peut-être avait-il essayé de le joindre mais n'avait pu le déranger dans son rendez-vous…

Phil lui exposa clairement la manière dont ils reprenaient le dossier à zéro, précisant le déroulement des faits, à l'époque, et les éléments qui avaient conduit la justice à se prononcer. Il approuva chacun des différents points, tout en restant sur la défensive jusqu'au moment où Phil en arriva à lui :

— Ce qui nous intéresse aujourd'hui, c'est que vous nous parliez d'Amélie et de vos rapports avec elle. Nous croyons savoir qu'ils sont très anciens.

— Oui. C'est exact. Nous nous connaissions depuis la plus tendre enfance et ce, jusqu'à la fin du lycée. Il rajouta, les yeux dans le vague, semblant à peine les voir, un peu comme s'il parlait pour lui-même : aujourd'hui encore, je n'ai rien oublié. Son visage. Son odeur. Sa vie. Je lui disais souvent pour la charrier que sa chevelure sentait les fleurs sauvages. Sa moindre absence me manquait…

Phil interrompit ses divagations :

— Et un jour tout s'est arrêté.

— Oui, confirma-t-il tandis que ses yeux se troublèrent. Il se redressa sur son fauteuil, se racla la voix et, d'une façon plus vive, poursuivit : Nos métiers et nos ambitions nous ont séparés. Je suis parti à Paris, elle n'a pas voulu suivre, et voilà…

— Et vous n'avez pas pu trouver un terrain d'entente transitoire pour permettre à chacun de se donner le temps de…

— Non. Sa position était claire et tranchée, ce qui m'avait surpris à l'époque. Quitter la Bretagne pour elle était rédhibitoire. Sa vocation était de devenir infirmière, elle en avait pris le chemin et cela comptait plus que tout… Depuis quelque temps, elle avait adopté la manie de me lancer des ultimatums qui me laissaient totalement désarmé… Dès lors, j'ai su que c'était fini.

Ses mots se voulaient solennels, mais sa voix tremblait un peu et se situait à la frontière du rêve et de la dérision. Il luttait pour refouler ses émotions.

— Combien de temps avant sa disparition tragique avait-elle pris sa décision ?

— Un mois ou deux… disons officiellement. Toutefois, je sentais bien qu'elle devait être antérieure. Mais pourquoi toutes ces questions, aujourd'hui ?

François relaya Phil, rappelant les progrès de la science et la nécessité parfois de reprendre les éléments d'une enquête sous un angle qui n'avait pas été exploité jusque-là. Le Stang ne paraissait pas comprendre l'intérêt de cette démarche et le fit remarquer. Ce fut le moment que François choisit pour lui poser la question qui représentait tout l'objet de leur visite :

— Nous aimerions savoir ce que vous faisiez le dimanche soir et durant la nuit du drame.

Il devint très pâle. Il ne put répondre instantanément, hésitant, bafouillant :

— Jjjee... Je... Je ne sais pas... je ne sais plus. C'est très loin, tout ça !

— C'est une date qui a pourtant dû vous marquer, d'après vos propos précédents à son sujet.

— Je cherche à me souvenir.

— Pour vous aider, étiez-vous seul ? Vous travailliez sur Paris : étiez-vous reparti dans la journée du dimanche ? Tentez de vous rappeler...

Il montra qu'il essayait vainement de faire appel à sa mémoire ; le regard fixé sur ses mains posées sur le bureau devant lui, il s'accorda quelques instants supplémentaires. Phil et François avaient cessé de parler et attendaient, immobiles, face à lui, l'observant. Ils savaient bien que les gens détestent le silence et que certains se trahissent, rien que pour le briser.

— Si. Ça y est. Je me souviens, j'étais avec Fab, mon meilleur copain.

— Fabien Guilers ?

— Oui, répondit-il, surpris par cette précision.

— Et qu'avez-vous fait ?

— Avec mes horaires, je ne travaillais que quatre jours, une semaine sur deux. Je disposais donc de mon lundi. C'est pour cette raison que nous sommes sortis ce dimanche soir-là. Nous nous étions retrouvés dans notre bar habituel, Rue des Martyrs à Carhaix.

— Que vous avez quitté vers quelle heure ?

— Je n'sais plus, disons vers vingt-deux heures, peut-être un peu plus…

— Avec votre voiture ?

— Oui, sans doute… L'imperceptible hésitation n'échappa pas aux OPJ. Mais il précisa aussitôt : à moins que ce ne soit celle de Fab. Je ne m'en souviens plus très bien. Nous prenions notre voiture à tour de rôle et on laissait l'autre sur la place du Champ de Foire à Carhaix, habituellement.

— Pour aller à quel endroit ?

— Il me semble que c'était dans un dancing, justement du côté de Rosporden. Donc, tout près d'ici. Je ne me rappelle plus si c'était celui qui se trouve du côté de Cadol ou celui sur la route de Tourc'h, mais c'est l'un des deux.

— Vous en êtes sûr ? Cette expression aussi était un vieux truc de flics : laisser planer le doute et regarder la personne interrogée creuser sa propre tombe en tentant de s'expliquer.

— Oui. Certain. C'était bien l'un ou l'autre…

— Donc, pas très loin de Concarneau, en fait… Plus ou moins une quinzaine de kilomètres, selon qu'il s'agisse de l'un ou de l'autre…

— Oui, c'est cela. Pourquoi ?

Il réalisa alors le rapprochement que venait de faire François. Il détourna la tête pour éviter le regard des OPJ. Quand il reprit la parole, ce fut d'une voix sourde :

— Que voulez-vous insinuer et que cherchez-vous exactement ?

— Nous vous l'avons dit, à reconstituer tout l'environnement d'Amélie et à situer chaque personne durant cette nuit tragique.

— Vous ne voulez tout de même pas laisser entendre que je pourrais…

— Oui, que vous pourriez… quoi ? Continuez ! demanda François.

— Que vous me suspectiez ! Le coupable a été arrêté, il est en prison depuis. Alors, que venez-vous chercher aujourd'hui ? J'ai fait ma carrière, je suis marié, j'habite ici et j'ai deux enfants, je ne vois pas ce que j'aurais à faire dans cette histoire !

— Aujourd'hui, comme vous dites, vous avez fait votre carrière, votre vie de famille… mais, à cette période-là, vous étiez seul… vous veniez de perdre celle que vous aimiez… un moment de colère, d'égarement et tout bascule, l'improbable se produit.

— NON ! Vous faites fausse route. Jamais ! Vous m'entendez, JAMAIS, je ne lui aurais fait le moindre mal !

— Nos collègues policiers, chargés de l'enquête, vous avaient-ils entendu à l'époque des faits ?

— Non. Il n'y avait aucune raison pour cela...

— Peut-être. En tous les cas, nous allons être obligés de vous réentendre et de vous convoquer au commissariat de Quimper.

— Et pourquoi ?

— Parce que votre emploi du temps ne correspond pas à celui que vient de donner votre meilleur copain comme vous dites, Fabien Guilers, que nous venons de rencontrer, juste avant vous, à l'usine où il travaille !

— Mais ce n'est pas possible, je vous jure que nous n'avons rien à voir dans ce drame, JE VOUS LE JURE ! précisa-t-il, en haussant le ton, les yeux écarquillés.

Sa position était devenue totalement inconfortable. Phil reprit le contact :

— Si vous le voulez bien, pour éviter tout malentendu, nous allons procéder à un prélèvement salivaire afin d'écarter votre ADN...

— Je refuse. Je vous l'ai dit. Je n'ai rien à voir là-dedans et je ne vois pas pourquoi vous allez vous préoccuper de mon ADN. C'est non ! Je refuse tout net !

— Comment pouvez-vous justifier votre position ?

— Cette affaire m'a déjà fait trop de mal à l'époque, j'ai trop souffert et ne veux plus jamais en entendre parler, point final ! Je considère qu'on ne peut exorciser le passé, ni en y retournant ni en le fuyant car on ne peut décider de le chasser ni de l'esprit ni de la mémoire… Il fait malheureusement partie de nous, alors je m'efforce de tout faire pour l'ignorer…

— Et c'est vraiment tout ?

— Non ! Il y a aussi que je préfère ne pas apparaître dans le fichier “edvige” que vous allez mettre en place ! Je sais ce qui peut arriver à l'innocent qui se montre trop confiant avec la police.

— Comme vous voulez, vous devrez tout de même y passer, que vous le vouliez ou non… Mais, s'il y avait des informations que vous auriez dissimulées ou exprimées de façon incomplète, je vous suggère de vous rappeler qu'il s'agit d'un meurtre et que le délit d'entrave à la police est répréhensible et, plus grave, dans cette affaire, cela a peut-être fait condamner un innocent !

Le ton était calme, inflexible mais sans rudesse.

Phil et François se consultèrent du regard. Ils tentèrent de revenir à la charge, mais ils ne pouvaient pas l'obliger à s'exécuter. Leur affaire prenait une nouvelle tournure bien inattendue. L'heure était grave. Une barrière venait de s'ériger entre lui et eux. Ils décidèrent de prendre congé en lui laissant leur carte, au cas où il changerait d'avis assez rapidement. À défaut, il serait convoqué. Les mots s'écrasaient dans le silence et, désormais, l'angoisse pesait sur les épaules de Julien Le Stang. François lisait dans ses yeux tristes, fixés sur lui, comme un appel muet dont il ne déchiffrait pas le sens. La porte du bureau se referma avec rapidité et détermination derrière eux.

Après avoir quitté Rosporden, roulant en direction de Quimper, ils passèrent à hauteur de Saint-Yvi. Tout au long de la route, ils ne cessaient de se poser des questions sur le comportement des deux personnes qu'ils venaient de rencontrer. Un doute s'installait, troublant.

Mais ils se méfiaient des ressentis. Ils devaient, à leur tour, éviter de tomber dans les mêmes travers que leurs collègues au moment de la découverte du drame. Il était tellement tentant d'aller dans le sens de l'évidence !

Au bureau, ils firent le point avec Joël Le Traon qui, tout de suite, considéra que Julien et Fabien ne paraissaient pas “très nets” et livra son avis “brut de béton” qu'il convenait de ne pas prendre au premier degré. De son côté, il avait recherché les coordonnées des deux étudiants en médecine :

— Cela n'a pas été facile ! L'un, Renaud de Treyer, est médecin spécialiste à l'hôpital de Brest ; et l'autre, Florian Conogan, médecin en rééducation fonctionnelle dans une clinique spécialisée, à Brest également. Rendez-vous en fin de matinée, demain pour le premier et, en début d'après-midi, pour le second. Ça vous va ?

— Parfait. Ce sont eux les derniers à avoir vu Amélie, leur témoignage est important.

— Tu crois ? Est-ce encore nécessaire, au vu de l'entretien que vous avez eu avec les deux autres types ? demanda Joël, hilare.

— On ne sait jamais. Une règle : ne rien négliger ! Des nouvelles des scientifiques ?

— Non. Toujours rien. En principe, nous devrions recevoir les premiers résultats avant la fin de la semaine.

— D'accord. Allons voir le patron pour lui rendre compte et pour qu'il décide avec le procureur, ce qu'il y a lieu de faire pour nos deux zozos...

Le patron, Yann Le Godarec, écouta calmement les informations commentées par François. Il considéra que les trois OPJ avaient réalisé un bon travail qui ne serait peut-être pas vain. Il regrettait vivement que cette démarche n'ait pas été faite plus tôt. Pour lui, l'affaire venait de progresser de façon significative et cela représentait une réelle cause de satisfaction. Il penchait de plus en plus pour l'innocence d'Arnaud Kergloan et souhaitait réellement que des éléments fiables et non discutables viennent à présent étayer cette hypothèse. Il allait en référer au procureur.

# VIII

*Mardi 16 septembre 2008.*

Les entretiens de la veille avaient perturbé le sommeil de Phil et de François. Chacun de son côté avait imaginé le minutage de la soirée des deux hommes, Julien et Fabien. En voiture, il n'y avait rien de plus facile que de quitter le dancing où ils avaient pu se rendre pour se faire voir, quoi qu'il en fût réellement, puis de filer à Concarneau, commettre leur forfait et revenir terminer la soirée dans ce même dancing toujours pour justifier leur présence. Cette version, ils se la livrèrent au moment de se retrouver devant la machine à café et, finalement, tous les trois considérèrent cette hypothèse plausible… Restait à découvrir des preuves. Rien ne justifiait que cela se soit déroulé ainsi…

Ils se martelaient la question lancinante : pourquoi les deux OPJ, chargés de l'enquête, n'avaient-ils pas interrogé au moins Julien, son précédent petit ami ? Ils ne pouvaient ignorer cette rupture provoquée par Amélie ! Arnaud avait parlé de deux personnes : l'une, plutôt de bonne constitution qui, à défaut de le voir et de le reconnaître formellement, lui avait fait penser à Jacques, et l'autre, à David Minven. Cependant, ces deux personnages pouvaient parfaitement correspondre à Julien Le Stang et Fabien Guilers... Pour Julien, ce crime pouvait être l'aboutissement d'un désir de représailles qu'aurait partagé Fabien. Décidément, tout se tenait... Il ne leur restait qu'à le démontrer, mais ce ne serait pas chose facile.

Après avoir évacué quelques tâches administratives, vers dix heures, ils reprirent la direction de Brest afin de rencontrer le docteur Renaud de Treyer. Mais, autant cette démarche leur paraissait importante l'avant-veille, autant elle leur devenait secondaire à présent. Ils devaient, néanmoins, l'effectuer pour posséder toutes les cartes du jeu en main.

Sur leur gauche, au moment de descendre vers la vallée de l'Élorn, la rade de Brest s'étendait, lumineuse et scintillante par cette belle journée ensoleillée. Ils empruntèrent le superbe pont de l'Iroise qui doublait le pont Albert-Louppe désormais réservé aux sportifs et promeneurs. Le temps de contourner une bonne partie de la ville et ils se garaient sur le parking de l'hôpital. Derrière la console de son comptoir, la jeune hôtesse d'accueil les renseigna. Quelques instants après, ils patientaient dans la salle d'attente. Le docteur avait été prévenu et viendrait les chercher.

Celui-ci se présenta assez rapidement, portant une blouse blanche et un badge précisant son nom. Il les fit entrer dans son bureau et les invita à s'asseoir sur deux chaises banales qui lui faisaient face. Petit, trapu, nerveux dans sa démarche, très brun, la peau de son visage donnait l'impression qu'il était mal rasé. Des traits marqués, un nez droit, un regard torve, un visage ressemblant un peu à celui d'un boxeur caractérisaient ce médecin qui donnait l'impression d'être plus préoccupé par sa charge professionnelle que par ses visiteurs. Tout en s'installant, il répondit brièvement au téléphone fixe de son bureau puis, aussitôt après, à son portable qui venait de sonner dans sa poche, avant de s'adresser à eux :

— Je vous demanderai d'être brefs car j'ai très peu de temps à vous consacrer, ça se bouscule un peu dans le service en ce moment.

— Nous venons vous parler de l'affaire de la disparition d'Amélie Motreff, il y a une vingtaine d'années.

— Oui, et alors ?

— Vous étiez, avec un autre étudiant en médecine comme vous, les deux dernières personnes à l'avoir vue le soir du drame.

— Oui, c'est exact. Et alors, que voulez-vous que ça me fasse aujourd'hui ? J'ai d'ailleurs eu l'occasion de répondre, à plusieurs reprises, aux interrogations de vos collègues, en son temps. Maintenant, que voulez-vous que je vous dise de plus ?

Son regard était sombre et insolent. L'orgueil qui l'habitait jusqu'au plus profond de lui-même semblait être le moteur de sa vie.

Son comportement était significatif d'un mélange d'aplomb et de morgue.

— Donnez-nous le déroulement précis des dernières minutes avant qu'elle ne disparaisse de votre vue.

Il souffla, hésita et finit par obtempérer, comme s'il récitait une leçon bien apprise, sans les regarder franchement :

— Nous étions effectivement deux étudiants, Florian et moi-même, dans la salle de pause réservée au personnel de l'hôpital de Concarneau. Nous prenions un dernier verre avant de rejoindre chacun notre logement car nous étions fatigués et pressés d'aller nous coucher. Tout en étant étudiant, le stage nous fait entrer dans notre futur métier, mais les études se poursuivent, aussi ne dormions-nous pas beaucoup ! Mais j'imagine que vous le savez ! Pour en arriver à votre question : Amélie a partagé cet instant avec nous, ainsi que sa collègue et amie qui devait s'appeler…

Il creusait dans sa mémoire pour en retrouver le souvenir précis.

— Brigitte Kérose ? suggéra François.

— Oui, c'est ça ! Cette dernière nous a quittés pour rejoindre son service. Nous sommes sortis tous les trois pratiquement en même temps de la salle. Amélie était à pied et s'est dirigée vers la sortie de l'établissement. Quant à nous, nous avons rejoint la voiture de Florian qui se trouvait sur le parking et voilà tout…

— Vous l'avez vue sortir de l'hôpital ?

— Oui, bien sûr. Nous sommes passés presque à sa hauteur, en arrivant au stop qui donne sur la rue de Trégunc et nous avons filé chez Florian qui habitait au Passage-Lanriec, dans une grande maison donnant sur l'entrée du port à proximité de l'École de Formation aux Métiers de la Pêche (désormais appelée "Centre Européen de Formation Continue Maritime"). Florian rentrait chez lui et moi, j'avais loué une chambre dans une maison voisine, pour la durée de mon stage, grâce aux relations de ses parents. Rien d'extraordinaire dans tout cela.

— Auriez-vous remarqué quelque chose de particulier à cet instant ? Une voiture l'attendait-elle à la sortie de l'hôpital ? Une voiture s'est-elle arrêtée à sa hauteur ?

— Aucune idée ! Et je vous dirais que nous n'en avions rien à fiche, c'était une élève infirmière, elle était en stage... Pour le reste, elle faisait bien ce qu'elle voulait...

— Elle était plutôt mignonne et bien faite, pourtant.

— Peut-être... sans doute même, mais ce n'était qu'une élève infirmière, répondit-il, d'un ton faussement courtois mais volontiers persifleur.

À cet instant, il se fendit d'une sorte de sourire en forme de rictus qui exprimait des choses indéfinissables : mépris, arrogance ? Difficile de le savoir. Une lueur étrange brilla même dans son regard.

— Pas de quoi s'y intéresser, c'est ça ? Ni même lui proposer de la ramener chez elle, même si c'était sur votre route…

— Nous ne savions pas où elle habitait et je dois vous dire que nous n'en avions rien à faire ! Ce sera tout, Messieurs ? Comme je vous le disais, mes patients m'attendent.

C'était son premier mouvement réel d'impatience, mais son visage ne marqua ni émotion ni satisfaction.

— Oui ce sera tout… pour l'instant. Car, je pense que nous allons devoir vous revoir pour procéder à un prélèvement salivaire, aux fins d'analyses ADN que nous sommes en mesure d'effectuer aujourd'hui et qui n'étaient pas possibles au moment des faits…

— Vous plaisantez, j'imagine !

Son calme parut ébranlé. L'irritation rendait son ton plus coupant.

— Non. Pas du tout, Docteur, répondit calmement mais fermement François, agacé par le comportement du médecin.

— Eh bien, ne comptez pas sur moi pour perdre mon temps avec vos petits jeux, j'ai des choses plus importantes à faire. Et puis, cette affaire a été jugée depuis longtemps et classée, non ?

— Oui. Mais cela n'empêche rien, en terme d'analyse ! Que craignez-vous ?

— MAIS RIEN !

Son regard apparut alors agressif et méfiant.

— Dans ce cas-là, qu'est-ce qui vous gêne ? répondit François, sans se laisser troubler par l'ironie feutrée du médecin, mais pas fâché tout de même de constater que l'individu pouvait perdre son sang-froid.

— Mais rien ne me gêne, je vous l'ai dit, juste que j'ai autre chose à faire, c'est tout ! Il fit un effort pour dissimuler son embarras, regarda sa montre et s'énerva : Écoutez, Messieurs, j'ai déjà perdu assez de temps avec vous, vous connaissez le chemin, moi je dois filer dans le service, vous m'avez mis en retard...

Sans attendre de réponse et sans plus de cérémonie, il saisit quelques dossiers sur le coin de son bureau qu'il emporta sous le bras, se hâta vers la sortie et disparut dans le couloir. Les deux OPJ n'étaient guère étonnés. Ils s'attendaient à cette réaction nerveuse de l'individu, au vu de sa fonction. Comme il le prétendait, il n'en avait rien à fiche et ceci rejoignait l'avis de Brigitte Kérose sur le phénomène de “caste”. Le destin de la petite élève infirmière lui passait largement au-dessus !

Il n'en demeurait pas moins que, pour les analyses ADN, il devrait bien, à un moment ou à un autre, s'y soumettre, ne serait-ce que pour qu'on connaisse ses références, afin de l'écarter au cas où une trace subsisterait en provenance notamment d'un contact éventuel dans la salle de pause ou en sortant. Rien ne devait être négligé.

Ils décidèrent d'aller déjeuner avant de se rendre

à la clinique où il redoutait le même accueil de la part de l'autre médecin. Ils se retrouvèrent rapidement sur une rue encombrée, ponctuée de feux de circulation à chaque carrefour. Ils avançaient au pas, phénomène certainement habituel à cette heure.

À table, ils refirent le point de leurs réflexions. Vraiment, ils ne voyaient pas ce que l'entretien avec les deux médecins allait leur apporter. Ils étaient bien les derniers à l'avoir vue, mais cela s'arrêtait là. Les propos correspondaient aux procès-verbaux de leurs témoignages de l'époque qui n'avaient pas retenu non plus, d'ailleurs, plus que cela, l'attention des collègues qui menaient l'enquête. Heureusement qu'ils avaient eu l'idée de rechercher du côté des relations intimes d'Amélie, avant le drame. De ce fait, les suspicions de responsabilité qui portaient essentiellement sur Jacques Le Questel et David Minven, s'étaient-elles reportées vers Julien et Fabien…

À l'heure convenue, ils attendaient près du bureau de Florian Conogan, dans une clinique claire, aux peintures vives et véritablement modernes.

La quarantaine bien engagée, il était grand et mince, avec un front haut, des cheveux châtain clair, courts et bouclés, des yeux bleus tirant sur un gris indécis, des traits réguliers et un bronzage parfait, sans doute savamment entretenu. Toutes les femmes devaient le trouver séduisant avec son regard doux et tendre. Il vint vers eux et se présenta de façon fort courtoise, tout en les invitant à le suivre dans son bureau et à prendre place. Très calme, très détendu, il ne donnait pas la même impression de surexcitation que son collègue.

François exposa tranquillement la situation et l'invita à raconter, aussi précisément que possible, les derniers instants passés auprès d'Amélie. Il ne s'étonna nullement que les deux OPJ viennent lui poser des questions, vingt ans après… Avait-il été informé par son collègue de leur visite et de la raison de cet entretien ? Rien ne le laissait supposer.

Avec une très grande correction, il formula, par avance, des excuses pour le cas où le déroulement des faits ne se serait pas passé précisément comme il allait le décrire, la mémoire pouvant jouer des tours après plusieurs décennies. Mais ses propos furent identiques à ceux rapportés par Renaud de Treyer. Pas de réelles variantes, pas de discordance, rien ne pouvait laisser imaginer qu'ils aient pu se dérouler différemment. Il parlait posément, avec un sourire parfois empreint d'une certaine candeur et se disait prêt à répondre aux questions.

— Où habitiez-vous lorsque vous étiez en stage ? lui demanda Phil.

— J'avais beaucoup de chance, chez mes parents. Ils disposent d'une très grande maison au Passage-Lanriec, avec vue sur l'entrée du port et la baie de Concarneau. Je dois vous avouer que, même maintenant, j'y vais aussi souvent que je le peux… C'est reposant et je ne me lasse pas du paysage.

— Nous comprenons. Et votre ami ?

— Mes parents lui avaient trouvé une chambre chez nos voisins, ce qui était bien pratique pour nous. Ils ne louaient pas habituellement, mais avaient accepté de le faire, exceptionnellement, pour rendre service. À l'époque, ceux-ci vivaient dans les DOM-TOM où ils enseignaient tous les deux. Quant à mes parents, ils partageaient leur temps entre l'étranger et chez eux. Mon père travaillait pour l'implantation de grandes surfaces d'un grand groupe français que vous connaissez bien, et résidait avec ma mère, parfois un an ou plus, dans un pays… À l'époque, c'était surtout en Espagne.

— Bien… Étaient-ils chez eux au moment du drame ?

— Non. Ils venaient de partir quelques semaines plus tôt. Après chaque réalisation, ils revenaient quelques mois en France et repartaient. Durant les dernières années d'activité de mon père, ils se rendaient surtout dans les pays d'Europe de l'Est. Maintenant, ils sont à la retraite, alors ils profitent au maximum de leur maison.

— Il n'y avait donc personne, ni chez vous ni chez vos voisins, ce soir-là ? demanda Phil qui devait poursuivre sa pensée.

— Non. Pourquoi ? Comment se fait-il que vous repreniez l'enquête tant d'années après ce terrible drame qui nous avait tous beaucoup touchés à l'hôpital du Porzou ?

— Tout simplement parce que, aujourd'hui, les nouveaux moyens scientifiques peuvent permettre certaines analyses impossibles à l'époque.

— Et cela a été décidé, comme cela, subitement, sans raison ? Je croyais que le coupable avait été arrêté et condamné…

— C'est exact. Mais il nous a été demandé de tout reprendre afin de vérifier certains renseignements, scellés et témoignages aussi. D'ailleurs, il est possible que nous soyons amenés à effectuer un prélèvement salivaire afin d'intégrer votre ADN au dossier.

— Ah ? Et pour quelles raisons ?

— Simplement, pour vous écarter des personnes qui auraient été en contact avec Amélie Motreff, ce fameux soir.

Un court instant, Florian Conogan parut désarçonné. Troublé même. Il tenta l'ironie avec plus de douceur et d'aménité :

— Me suspecteriez-vous de quelque chose, Messieurs ? demanda-t-il en riant et en se laissant aller en appui sur le dossier de son fauteuil.

— Non. Pas du tout. Nous travaillons actuellement sur une autre piste surprenante et, avant de procéder à des investigations plus approfondies, nous devons établir la carte de tous les ADN qui vont pouvoir être relevés sur les scellés.

— Eh bien, vous avez du travail ! C'est vraiment une drôle d'histoire que cette affaire !

— Quel souvenir gardez-vous de cette jeune fille ?

— Celui de quelqu'un de bien, plutôt belle, mais sans doute timide et réservée et je ne la vois guère se laisser embarquer par des inconnus. Je pense que vous devriez rechercher dans son entourage proche, amical, voire intime.

— C'est exactement ce que nous faisons et c'est dans cette voie que nous avançons en ce moment.

— Vous voyez, j'aurais pu être de la police ! En avons-nous terminé, car je vois l'heure tourner et j'ai malheureusement des rendez-vous qui m'attendent ?

— Bien sûr. Nous vous remercions d'avoir bien voulu répondre à nos questions et vous sommes reconnaissants de nous avoir accordé de votre temps et de la franchise dont vous avez fait preuve.

— C'est tout à fait naturel. N'hésitez pas à m'appeler si vous aviez d'autres questions.

— Et réciproquement, si vous repensiez à quelque chose de précis, voici nos cartes.

Ils quittèrent la clinique, rassurés. L'accueil avait été courtois et franc.

— Pour reprendre l'expression de Brigitte Kérose, pas besoin de faire une étude approfondie pour reconnaître qui des deux était le "beau mec" et qui était le "petit con" ! s'exclama François.

Ceci fit à peine sourire Phil qui approuva simplement de la tête. Il reprit le volant mais semblait toujours préoccupé. François lui demanda :

— J'ai remarqué qu'à un moment, tu suivais une idée, à quoi pensais-tu ?

— Le toubib de ce matin, je ne l'ai guère apprécié et je me suis simplement interrogé : étaient-ils réellement rentrés chez eux ? Et si, par exemple, Renaud était reparti ensuite à pied à la rencontre d'Amélie ? Je me suis donc dit qu'on pourrait le vérifier en interrogeant les parents ou les propriétaires de l'autre maison.

— Oui. Sauf qu'Amélie n'avait pas de voiture et Renaud non plus. Ce serait plutôt du côté de Florian qu'il faudrait voir, dans ce cas.

— Non. Ce n'est pas une bonne idée. Je ne vois pas du tout Florian Conogan agresser la petite : avec son physique... il n'en avait pas besoin, ça pouvait lui arriver tout seul ! Tout cuit ! Laissons tomber, de toute façon, il n'y avait personne chez eux pour attester de quoi que ce soit. Et puis, il fallait acheminer le corps au blockhaus...

Phil évacua assez rapidement ce doute qui l'avait saisi brutalement et préoccupé, comme s'il avait pressenti quelque chose de particulier... Mais, à l'évidence, ce n'était pas une bonne intuition.

Sur le chemin du retour, sur la voie express, la circulation était particulièrement fluide. Ils s'amusèrent à reprendre les déclarations de Brigitte Kérose à propos des deux étudiants en médecine devenus médecins... Finalement, le temps n'avait pas changé grand-chose dans leur comportement. Ils avaient détesté le premier entretien et François se permit de blaguer :

— Il y avait un dicton que j'aimais bien à une époque, on le voyait souvent inscrit dans les bistrots, il disait : Mieux vaut être saoul que con, ça dure moins longtemps ! C'est tellement vrai !

Ce soir encore, ils ne purent que constater l'inanité de leurs efforts dans cette affaire.

# IX

*Mercredi 17 septembre 2008.*

Ce matin, ils se sentaient las. Tous deux avaient pourtant passé une nuit paisible, sans rêve ni cauchemar.

Heureusement qu'en ce moment, chaque matin leur offrait un réel bonheur. L'anticyclone restait collé sur une partie de la France et sur la Bretagne en particulier. Alors que l'été avait été médiocre, voilà que, depuis une semaine, aucun nuage ne venait troubler le bleu du ciel, cette situation incroyable ravissait tous les Bretons et les rares vacanciers encore présents.

Étaient-ce les effets du soleil ? Toujours est-il que l'ambiance était plutôt détendue et décontractée au commissariat de police de Quimper. Comme si un parfum de vacances continuait à imprégner l'atmosphère. Dans la salle de pause, au café, même la rude crise boursière venue des États-Unis n'arrivait pas à entamer le bon moral des OPJ. La chute vertigineuse des places boursières du monde entier n'avait aucun effet sur eux, il était vrai que peu d'entre eux possédaient un portefeuille d'actions. Ceux qui en avaient prenaient le pari que tant qu'on n'avait pas vendu, on n'avait pas perdu, puisque ça remonterait nécessairement un jour ou l'autre… C'était juste une question de patience.

Joël Le Traon était quelque peu énervé, mais pour d'autres raisons :

— J'ai eu les scientifiques, ce matin. Normalement, tout à l'heure, je devrais avoir les premiers résultats !

— C'est super ! Nous sommes impatients…

— J'ai vu avec le patron et le procureur pour les prélèvements ADN, c'est d'accord pour les deux gars, Julien et Fabien. Je les ai convoqués pour ce matin, à neuf heures trente, dans votre bureau.

— Parfait, comme cela nous en profiterons pour leur demander de s'expliquer sur leurs divergences, mais à mon avis, ils sont mal…

— Pour le reste, ils préfèrent attendre un peu pour voir.

— D'accord, c'est normal. Mais, à mon avis, ces résultats, plus les analyses de ces deux cocos et notre affaire sera pliée, rajouta Phil qui partageait la bonne humeur et l'excitation de Joël.

— Espérons-le, soupira François.

Ils regagnèrent tous les trois la pièce qu'il s'était réservée pour leur enquête et intégrèrent avec Joël les dernières informations recueillies la veille, se livrant au passage à quelques commentaires colorés sur les deux médecins rencontrés.

Enfin, les scientifiques appelèrent. François prit la communication en mettant le haut-parleur afin que chacun puisse profiter des commentaires, voire réagir, si nécessaire :

— Bon les gars, vous avez de la chance ! Nous avons suffisamment de traces de sperme sur le slip et la jupe et de sang sur les vêtements pour que nos analyses soient convenables. Dans les deux cas, l'ADN d'Arnaud Kergloan n'apparaît nulle part !

Phil et François sourirent, ils s'y attendaient.

— Quant à Jacques Le Questel et David Minven, rien non plus ! Va falloir que vous cherchiez ailleurs !

— Autre précision et de taille : pour les traces spermatiques, nous avons relevé deux ADN, vous m'entendez, "DEUX" différents !

— Merde alors ! Mais comment se fait-il qu'ils ne l'aient pas détecté avant ?

— Impossible, au moment des faits. Et plus tard, une fois Arnaud Kergloan arrêté, il est facile d'imaginer que plus personne n'a cherché à en savoir plus. Quant aux ongles, nous avons pu analyser les microéléments : les traces biologiques correspondent à un des deux personnages concerné par l'ADN. Aucune trace de l'autre…

— Qu'est-ce que cela signifie, selon vous ?

— Que les deux actes sexuels n'ont pas forcément été effectués dans le même contexte…

— C'est-à-dire ?

— On peut imaginer un acte parfaitement consenti, dans un premier temps. Puis, dans un deuxième temps…

— Combien de temps après ?

— Ça… Aujourd'hui, il est impossible de le savoir. Je disais donc qu'un deuxième acte sexuel, non consenti par la victime, a très bien pu se produire… d'où les traces relevées sous les ongles de la victime qui a cherché à se débattre. Ce qui entraîne, *de facto,* que le décès s'est produit lors du deuxième acte sexuel non consenti : réaction du violeur… qui l'étouffe. Voilà ce que nous pouvons imaginer, mais je vous le redis bien, "imaginer" car, pour l'instant, nous ne pouvons pas être formels.

— Non, bien sûr, nous comprenons très bien. Néanmoins, vos résultats sont éloquents et impressionnants, même s'ils vont compliquer notre enquête, ils ont le mérite d'innocenter définitivement le condamné et vont nous obliger à travailler sur d'autres pistes.

— Vous avez d'autres billes ?

— Oui ! Pas de problème, répondit François. Nous allons avoir ce qu'il faut dans l'heure qui vient ! Vous pourrez passer prendre les prélèvements en fin de matinée ? Mais, cette fois, il nous faudra des résultats rapides, car, avec ce que vous venez de nous apprendre, votre information tombe comme une bombe… en effet, cela signifie qu'un innocent est en prison depuis un paquet d'années ! Bonjour les dégâts ! Inutile de vous dire que nous allons devoir tout “assurer avant de dégoupiller” !

— Je le crois. Nous passerons tout à l’heure.

— Mais, vous êtes bien certains de votre coup ? demanda François avec une pointe d’incrédulité, malgré tout.

— À cent pour cent. Lorsque nous avons obtenu les premiers résultats, nous avons tout fait revérifier, vous pensez bien !

Quand ils raccrochèrent, ils restèrent tous quelques instants silencieux, comme assommés, même s’ils s’y attendaient un peu. Dans l’immédiat, le dossier devait rester top secret. Ils devaient absolument profiter de leur petite avance pour mettre en valeur le ou les coupables potentiels.

Le patron accueillit la nouvelle avec inquiétude, imaginant bien la portée de cette information sur la sentence. Il appela le procureur pour le tenir informé, car ce dossier devenait subitement chaud pour tous, autant côté police que côté justice. Il fallait absolument éviter toute fuite en direction de la presse ou des médias.

Phil et François s’étaient efforcés de rassurer tous les interlocuteurs car ils allaient détenir rapidement de nouvelles cartes en main. Néanmoins, un doute s’était immiscé dans l’esprit de chacun, au point que, dans l’immédiat, plus personne n’était sûr de rien !

Fabien et Julien arrivèrent ensemble, à l’heure convenue, au commissariat de police, Rue Théodore

Le Hars à Quimper. Phil et François décidèrent de recevoir Fabien Guilers en premier et de faire patienter Julien Le Stang, l'ancien petit ami d'Amélie.

Sans sa tenue de travail, Fabien Guilers présentait une allure différente de l'autre jour. Polo au col ouvert, un pantalon en toile de jean beige, des baskets, il paraissait plus impressionnant encore, un véritable pilier de rugby. Fermé à double tour, son visage ne laissait rien paraître de ses sentiments ni de ses états d'âme quant à la convocation.

— Vous savez pourquoi vous êtes là ? demanda François pendant que Phil démarrait son ordinateur pour enregistrer la déposition.

— Vaguement. Juju… enfin, Julien m'a dit que vous étiez passés le voir après moi et que nous n'avons pas dit la même chose. Mais je peux vous expliquer les faits, tels qu'ils se sont produits.

— Très bien, nous vous écoutons !

— En fait, généralement, nous sortions le samedi soir et, à cette période, nous allions le plus souvent du côté de Rosporden, soit au dancing de Cadol soit à l'autre, route de Tourc'h.

— Et alors ?

— La confusion vient de là. Nous nous sommes bien rendus dans un de ces deux dancings, mais c'était le "SA.ME.DI. SOIR." et NON le dimanche. Effectivement le dimanche soir, nous avons bien passé la soirée au dancing situé sur la commune de Laz.

— Donc, rappelez-nous votre soirée.

— Je suis parti de mon domicile pour rejoindre Julien au bar, au centre-ville de Carhaix que nous avons quitté vers vingt-deux heures trente, en laissant une voiture sur le parking de la place du Champ de Foire. Puis, nous nous sommes rendus au dancing… Nous sommes rentrés vers une heure du matin car, si Julien ne partait que le lendemain dans la journée sur Paris, moi, je travaillais dès le matin.

Pour les deux OPJ, il était clair que les deux individus s'étaient concertés et que les réponses seraient rigoureusement identiques. François tenta alors de prêcher le faux pour déstabiliser Fabien.

— Comment expliquez-vous, dans ce cas, que des témoins aient formellement reconnu votre voiture à Concarneau vers vingt-trois heures trente ? C'est-à-dire une heure environ après votre départ de Carhaix, ce qui colle parfaitement ! Il y a quelque chose qui nous échappe dans vos déclarations ! affirma François d'un ton qu'il ne put empêcher d'être mordant.

— Impossible ! Ce n'est pas vrai !

— Je ne vous demande pas si c'est possible, je vous demande de m'expliquer ce que la voiture faisait à Concarneau alors que, selon vous, elle ne pouvait se trouver qu'à Carhaix pour l'une ou du côté de Laz pour l'autre ?

— Je vous réponds NON !

Cette simple syllabe contenait une telle véhémence que François hésita avant d'insister :

— Non quoi ?

— Non, notre voiture ne pouvait pas être à Concarneau ! Je suis formel et je vous le jure, je peux donner ma main à couper, mieux, ma tête même, si vous voulez !

Fabien Guilers restait calme et imperturbable, ses propos portaient l'accent de la sincérité. Mais, de bons acteurs, Phil et François en avaient rencontré un certain nombre déjà. Il semblait avoir un mental à toute épreuve, ce qui ne surprenait pas les deux OPJ : il avait fait quinze ans d'armée, cela lui avait sans doute appris à se forger une carapace. Ils tentèrent par différents moyens de revenir à la charge, sans succès. Il devenait inutile d'insister, il ne changerait pas un iota dans ses déclarations.

— Nous verrons ce que nous répondra votre copain. En attendant, nous allons procéder à un prélèvement salivaire afin d'établir votre carte ADN.

— Pourquoi faire ?

— Mais je viens de vous le dire, pour identifier votre ADN ! Cet élément vous disculpera… ou vous condamnera. Vous voyez, c'est aussi simple que cela.

— Pas de problème, vous pouvez y aller, je n'ai rien à me reprocher, moi je suis clair.

— Vous peut-être… mais, votre copain…

— Je peux vous répondre. Il est aussi net que moi au sujet de l'affaire d'Amélie. Il se permit même de faire un éloge appuyé de sa probité et de son sérieux.

Phil procéda à la signature du PV où ne figurait

pas l'évocation de la voiture "vue à Concarneau", mais Fabien Guilers ne fit aucune remarque et le signa également, sans broncher. Il semblait détaché et ne laissait apparaître absolument aucune émotion. Puis il obtempéra pour les prélèvements salivaires que François effectua. L'entretien terminé, il se leva, très à l'aise et "droit dans ses bottes", selon l'expression habituelle dans ce genre de situation.

Au tour de Julien Le Stang, à présent…

Il portait toujours ce regard inquiet et angoissé qui le caractérisait lorsqu'ils s'étaient quittés lors du précédent entretien. Ses yeux paraissaient brillants derrière ses lunettes cerclées de métal argenté.

François attaqua de la même manière qu'il l'avait fait avec Fabien. Les réponses furent toutes aussi claires et précises, presque au mot près, ce qui ne fut pas une surprise pour les deux OPJ. La déstabilisation tentée sur le fait d'avoir vu la voiture à Concarneau n'apporta rien non plus. Quand François insista pour lui faire comprendre qu'il pouvait être coupable du meurtre d'Amélie, il réagit violemment et son exaspération était aussi palpable qu'un orage sur le point d'éclater :

— Qu'elle m'ait profondément blessé en me quittant, c'est certain. J'ai eu mal, très mal… J'ai pu éprouver de la colère et du ressentiment dans cette affaire. J'ai même pu avoir eu envie de me venger et il m'arrive sûrement d'avoir bien d'autres mauvais sentiments, mais je ne suis ni puéril ni idiot. Jamais, vous m'entendez ? JAMAIS, je n'aurais touché le moindre cheveu d'Amélie !

Son regard était, à cet instant, éloquent et exprimait une volonté farouche de tenir tête aux deux OPJ, à tout prix. Il fixa François sans détour pour affirmer ses propos et la tristesse envahit son visage qui n'avait, sans doute, jamais pu dissimuler cette inconsolable perte.

Un silence pesant s'établit dans la pièce comme si les conséquences de cette tragédie allaient s'abattre sur eux. François n'insista pas davantage. Ils procédèrent à la signature du PV qui, comme le précédent, ne comportait que l'essentiel, puis au prélèvement de salive. Les deux OPJ ne pouvaient pas aller plus loin, inutile de tenter une garde à vue avant les résultats d'ADN. Ils auraient alors besoin de tout leur quota d'heures pour les interrogatoires.

Julien Le Stang se leva et retrouva son ami Fabien Guilers qui l'attendait dans le couloir. Ils disparurent vers les portes qui donnaient sur l'escalier. Phil et François ne cachèrent pas leur surprise quant au comportement tranchant adopté par les deux visiteurs. Rien ne laissait paraître le moindre doute ni la moindre faille sur leurs affirmations. François se montra même dubitatif :

— Dieu seul sait dans quoi nous sommes en train de mettre les pieds avec ces deux types car, s'ils ne sont pas concernés, nous sommes mal… à notre tour.

Phil décida de traverser le couloir pour se rendre

dans le bureau qui donnait sur la rue Théodore Le Hars pour apercevoir les deux personnages qui venaient de partir. Simple instinct. Ils remontaient le trottoir, l'un derrière l'autre, sans se parler et traversèrent la rue à une centaine de mètres pour pénétrer dans le parking couvert où ils avaient dû garer leur voiture. Phil et François éprouvaient un drôle de sentiment quant au déroulement de ces deux derniers entretiens. Ils doutaient soudain qu'ils puissent être impliqués dans cette affaire.

Le collègue de la police technique et scientifique arriva au même moment, ils lui remirent les prélèvements. Mais, subitement, c'était comme s'ils jetaient une bouteille à la mer, sans trop y croire. Et si ces deux hommes n'y étaient pour rien ? Cette effrayante perspective leur parut de plus en plus probable. Trop animés par une éthique et par leurs convictions, ils ne se planquaient pas sous un double langage et ils vinrent en parler avec Joël Le Traon, question d'évacuer ce qu'ils ressentaient à cet instant.

Ce dernier parut dubitatif, car les renseignements des scientifiques prétendaient que la victime avait eu deux relations sexuelles avec deux personnes différentes, et en deux temps bien distincts : l'une aurait pu être consentie et l'autre, forcée. Cette situation entraînait une foule de questions. Et si les deux actes ne s'étaient pas effectués au même endroit ?

Pouvait-on imaginer Amélie faire une rencontre amoureuse et où ? Avec qui ? Puis, plus tard, au même endroit ou dans un lieu différent, être victime d'un viol et d'un meurtre… Où ? Qui en était l'auteur ? Dans quelles circonstances ? Combien d'individus pouvaient être concernés ensuite par le transport du corps ? Tout pouvait laisser penser qu'il pouvait y en avoir au moins deux la deuxième fois… Décidément, cette affaire devenait bien compliquée.

La grand-mère appela, à cet instant, venant aux nouvelles auprès de François qui s'efforça de rester extrêmement prudent. Il devait lui laisser de l'espoir sans rien dévoiler :

— Nous avançons très sérieusement dans votre affaire, mais nous attendons encore des résultats d'analyses, peut-être que dans une semaine ou deux, au maximum, nous devrions en savoir un peu plus…

— Oui, je comprends bien, mais moi, ce qui m'intéresse c'est de savoir si mon p'tit Arnaud est le vrai coupable, oui ou non ? C'est tout !

— Je viens de vous le dire, nous ne pouvons rien affirmer à ce stade de nos travaux, mais nous pouvons vous assurer, plus que jamais, que vous devez garder espoir, nous pensons pouvoir vous apporter une bonne nouvelle lorsque nous aurons tous les éléments en main. Mais, je vous le répète, toute conclusion définitive est prématurée.

— C'est vrai ? Donc, je peux encore y croire ?

On sentait, dans le ton de sa voix, qu'elle aurait été heureuse d'en parler davantage, qu'elle voulait leur faire comprendre l'impatience et l'inquiétude qu'elle éprouvait. Mais il était impossible à François d'en dire plus et surtout de dévoiler la moindre information, d'autant que rien ne leur permettait aujourd'hui d'apporter des réponses aux multiples questions qui restaient encore en suspens.

— Vous le pouvez, Madame. Vous serez la première informée, avec Arnaud, dès que nous posséderons tous les résultats, soyez encore patiente… En ce moment, nous avançons bien dans cette affaire.

Quand il eut raccroché le combiné, François se tourna vers Phil et Joël, les interrogeant du regard. Que pouvait-il dire d'autre ou de plus ? Annoncer qu'Arnaud était vraisemblablement innocent ? Ceci déclencherait un tel raz-de-marée médiatique qu'il leur serait impossible de poursuivre leur travail sereinement.

Une course-poursuite à la recherche de la vérité était engagée et il ne s'agissait pas de laisser filer le temps.

Ils se remirent au travail, échafaudant toutes sortes d'hypothèses nouvelles, influencées par les résultats des analyses.

Le patron et le procureur débarquèrent au même moment dans leur bureau de repli. Ils discutèrent longuement des schémas préconisés. Tout et son contraire devenaient possibles…

*

*   *

*Vendredi 19 septembre 2008.*

Si le temps exceptionnel se poursuivait sur toute la France, le ciel bleu sans nuage se trouvait en totale contradiction avec l'amoncellement de nuages noirs qui survolait leur enquête.

Le laboratoire d'analyses de Nantes avait fait le maximum, au plus vite, et les scientifiques apportèrent leurs conclusions ce matin-là…

— Désolés ! Aucune trace de Julien Le Stang ni de Fabien Guilers, vraiment pas la moindre petite particule pouvant les impliquer. Nous avons tout repassé au peigne fin et tenté tout rapprochement possible… sans résultat.

Le couperet venait de tomber. Les trois OPJ découvraient qu'ils ne possédaient rien ! Rien entre les mains ! Qu'ils devaient tout reprendre. Le mystère s'épaississait. Pire, ils venaient, en quelque sorte, de réussir le double coup : un de disculper Arnaud et deux, d'être dans l'incapacité de présenter un coupable !

Ils alertèrent le patron qui appela aussitôt le procureur. Ce dernier débarqua, toute affaire cessante, dans leur bureau.

L'heure était grave. Il fallait ouvrir une piste, faire quelque chose… Après des débats animés et des échanges parfois vifs, le procureur fit savoir qu'il attendait des propositions concrètes. François se lança :

— Nous devons procéder à deux types d'opérations, nous n'avons plus le choix.

— C'est-à-dire ? demanda aussitôt le procureur, intéressé par ces propos.

— La première chose serait de déterrer une partie du blockhaus, d'enlever les parpaings qui ont été posés pour obstruer l'entrée et de reconstituer la scène de crime… Nous avons une chance inouïe, le fait d'avoir muré cette casemate pourrait avoir préservé des indices exploitables aujourd'hui.

Un silence pesant s'installa. Le procureur pensa aussitôt au coût que cela allait engendrer. Le patron estimait qu'il ne fallait rien négliger et les trois OPJ appuyaient ce point de vue, précisant que ceci faisait partie de leur dernière chance. Avant de répondre, s'accordant un temps supplémentaire pour réfléchir, le procureur s'adressa à François :

— Et la deuxième opération que nous devons effectuer ?

— C'est de généraliser les prélèvements salivaires pour analyse d'ADN auprès de toutes les personnes pouvant être, de près ou de loin, concernées par cette affaire. C'est-à-dire les deux médecins, les derniers à l'avoir vue, les autres collègues qui venaient de quitter leur service quand elle est arrivée dans la salle de pause et qui ont très bien pu l'attendre sur la route de son domicile, ainsi que toutes les personnes présentes à la soirée de Trégunc avec Jacques Le Questel et David Minven. Ces derniers sont peut-être innocents mais ont très bien pu, au cours de leur soirée, l'alcool aidant, évoquer le profil de la jeune fille auprès d'amis qui connaissaient peut-être la victime, et inspirer un funeste projet à ceux-ci durant la soirée etc.

— Ça va faire du monde ! s'exclama le procureur, qui devait toujours penser au coût des analyses que cette action allait engendrer.

— Oui, nous le savons, mais nous sommes le dos au mur, nous n'avons plus le choix.

Il s'accorda un long temps de réflexion avant de prendre des décisions :

— Bon. Dans ce cas, faisons en sorte d'être opérationnels à partir de lundi, je vous délivre ce qu'il faut. Pour le site, mettez-vous immédiatement en rapport avec l'équipement et la municipalité de Concarneau. Puis réexaminons la scène de crime. Réalisons les prélèvements sur toutes les personnes que vous estimez pouvoir être concernées par cette affaire, établissez une liste.

— Nous allons rencontrer quelques réticences du côté de deux médecins… précisa Phil d'un ton prudent.

— Ils ne sont pas au-dessus des lois ! rétorqua le procureur. Se tournant vers le patron, Yann Le Godarec, il ajouta : d'ailleurs, désignez-moi un binôme dans vos équipes que vous détacherez spécialement pour procéder à ces prélèvements, le temps qu'il le faut, et qu'ils se mettent au travail, dès à présent !

— Très bien, approuva le patron.

— Dans cette enquête, je vous demande de sortir de votre demande habituelle, de votre logique d'enquête, comme, malheureusement, ont dû se contenter de le faire vos collègues, en leur temps, pour aborder les faits sous un angle neuf. De cette approche dépendra le succès.

Les ordres étaient tombés. Le procureur quitta les lieux. Le patron resta, quelques instants encore, discuter avec ses trois OPJ. Il définit les missions de chacun pour les heures à venir et leur demanda, une nouvelle fois, de reprendre tous les détails divergents qu'ils avaient notés dans le dossier, renseignements contradictoires ou informations insuffisamment approfondies. Il leur répéta qu'ils n'avaient le droit ni à l'erreur ni à la moindre faute de négligence…

Ce déclenchement venait de leur griller le week-end… Ils savaient qu'ils devaient désormais reprendre le moindre détail, la moindre note restée dans le dossier des OPJ de Concarneau et tout exploiter.

*

* *

*Samedi 20 et dimanche 21 septembre 2008.*

L'été tirait ses dernières cartouches avec panache car le ciel bleu, sans nuage, nargua durant ces deux jours les trois OPJ enfermés dans la pièce réservée à leur affaire.

Les prévisionnistes de la météo annonçaient même,

euphoriques, que ce temps exceptionnel allait se prolonger toute cette première semaine d'automne.

Les échanges furent parfois chargés d'espoir quand l'un ou l'autre découvrait un petit élément qui lui paraissait nouveau, mais celui-ci finissait toujours par être opposé à un autre, annulant tout l'effet espéré.

Joël Le Traon travaillait sur les témoignages, en cette fin de dimanche. Il avait épluché celui du premier témoin qui avait donné l'alerte bien sûr et, également, celui du couple dont le mari décédé avait signalé la présence de la voiture d'Arnaud. Fait mis en doute par le tribunal lors du témoignage de l'épouse. Dans ces notes, Joël découvrit le témoignage d'un prêtre, présent à la colonie de vacances située près du lieu du drame… Sa déposition se limitait à peu de chose, elle confirmait la présence du véhicule d'Arnaud également. Mais cet homme n'avait pas été appelé à témoigner à la barre et le procès-verbal ne faisait état que de l'entretien téléphonique. Or, sur des notes de l'officier de police judiciaire, aujourd'hui décédé, il avait été précisé qu'il serait utile de le rencontrer et d'évoquer avec lui ce qu'il avait réellement vu, ce soir-là. Mais cette hypothèse avait été classée sans suite dans le dossier. En proie à un mélange de surexcitation et d'inquiétude, Joël venait de la ressortir et de l'examiner avec attention avant d'annoncer, triomphal :

— Je crois que nous possédons une dernière carte, il faut retrouver ce prêtre !

L'espoir resurgissait chez le trio. Le téléphone ne répondait pas au centre de vacances, ce qui n'avait rien d'étonnant. Ils appelèrent leurs collègues de la police et de la gendarmerie de Concarneau pour en savoir un peu plus. Seul, un gendarme put enfin les renseigner utilement :

— Oui, je vois bien les installations. C'est la colonie de vacances qui se trouve dans la rue sans issue, dont une petite partie des bâtiments se trouve sur la gauche en se dirigeant vers la pointe, mais l'essentiel du parc se situe sur la droite, toujours en se dirigeant vers le site des blockhaus et du fort.

— C'est tout à fait ça ! répondit François, fébrile.

— Mais je ne crois pas que ces installations servent encore de colonie pour les enfants, aujourd'hui, il me semble que toute l'administration est installée dans le Nord de la France. Je me renseigne plus précisément auprès d'une personne qui entretient des relations avec la direction et je vous rappelle, dès que j'ai du nouveau.

L'attente ne fut pas très longue. Le gendarme téléphona peu de temps après en fournissant le numéro où il était possible de joindre les responsables dans le Nord de la France.

François tenta aussitôt de contacter le prêtre, mais ce dernier était absent, il ne serait joignable que le lendemain matin… Il raccrocha et continua à fixer son combiné, le regard vide. Il se sentit cerné par la tristesse, dans cet après-midi morne et silencieux.

Puis il regarda par la fenêtre, un soir en technicolor descendait sur la ville, l'inondant de ses derniers rayons. Les bâtiments prenaient un caractère d'une grande noblesse. Les masses de granit sombre formaient un ensemble architectural élégant. Dans cette atmosphère immobile, le mouvement des choses et des êtres apparaissait progressivement comme irréel. L'horizon crépusculaire se prenait pour un tableau de maître.

# X

*Lundi 22 septembre 2008.*

Délivré des affres de la nuit, le jour s'annonçait radieux. D'une façon incroyable, l'anticyclone persistait à se fixer sur la France et, ce matin encore, le ciel était uniformément bleu. Devant eux, au Cabellou, un léger vent de nord-est venait de l'intérieur du pays, supprimant toute ride sur la mer. Amarrés à leur corps-mort, les bateaux miroitaient tranquillement sur l'océan lisse. De l'autre côté de la baie, Concarneau offrait un véritable décor de carte postale.

L'extrémité de la voie sans issue, menant à la pointe, était particulièrement animée : des engins de travaux publics se mêlaient aux nombreuses voitures, créant un embouteillage hors du commun et totalement inhabituel à cet endroit. Le procureur avait tenu à être présent pour donner les dernières consignes. Le personnel de l'équipement et celui de la ville côtoyaient celui de la police, de la gendarmerie et, bien entendu, les hommes de la police technique et scientifique qui enfilaient au même moment leur combinaison et sortaient leur matériel.

La terre fut rapidement enlevée devant la partie qui constituait l'ancienne grande entrée du blockhaus. Le mur de parpaings ne résista guère aux assauts des matériels et, enfin, l'ouverture apparut telle qu'elle était vingt ans plus tôt. Les professionnels des travaux retirèrent leurs engins pour laisser place aux spécialistes qui préconisèrent, avant toute chose, d'essayer les crimelites. Cette source de lumière à haute intensité permet, à l'aide de longueurs d'ondes prédéfinies, d'obtenir une visualisation d'éléments particuliers en luminescence ou fluorescence : des fluides corporels, des particules organiques ou contenant des composants absorbant ou reflétant la lumière intense. Les collègues n'avaient pas lésiné sur les moyens car ils avaient apporté leurs trois modèles : la blanche, la bleu-vert et la bleue, avec leurs filtres d'accentuation du contraste. Ils portaient les lunettes de protection colorées, en fonction de la gamme de fréquence de la lumière utilisée afin de visualiser des indices invisibles à l'œil nu. La crimelite est d'un usage aisé sur toutes les scènes de crimes car, autonome, fonctionnant sur piles, même si le cylindre en métal demeure assez lourd. Ce matériel s'utilise aussi parfois lors d'une garde à vue pour tenter de confondre le suspect. François et Phil se souvenaient des services que celle-ci leur avait rendus.

Ils comptaient beaucoup sur les relevés de leurs

collègues en matière d'ADN. Mais également sur les empreintes digitales, ils disposaient en effet, à ce jour, de procédés modernes pour relever celles-ci : des pâtes, des gels auto-fixants, non rétractables, faciles d'utilisation et d'interprétation, autant de moyens qui n'existaient pas en 1987. Si, pour Phil, cette époque correspondait à la Préhistoire, François considérait qu'elle n'était vraiment pas si éloignée que ça… question d'âge !

Des policiers en tenue ne cessaient de repousser les curieux venus à pied ou à vélo, malgré les panneaux indiquant que la rue sans issue était barrée dès l'entrée. Tous devaient se demander ce qui pouvait bien se passer dans ce coin reculé de la pointe.

François put enfin joindre le prêtre. Il fit signe à Phil de le suivre afin qu'ils s'installent dans la voiture pour ne pas être dérangés et entendent mieux leur interlocuteur. François lui expliqua l'objet de son appel et l'importance de ce qu'il allait leur déclarer :

— Je crois que vous avez eu nos collègues au moment des faits, n'est-ce pas ?

— Oui. À plusieurs reprises, mais je n'avais pas bien compris le sens de leur démarche.

— C'est-à-dire ?

— Quand j'avais appris que ce drame s'était produit, mais sans précision, je les avais appelés une première fois pour leur faire part de ce que j'avais vu…

— C'est donc "vous" qui avez fait la démarche et non, eux, qui vous ont interrogé dans le cadre de leur enquête de voisinage ?

— Oui. C'était au moment où je m'occupais de la mise en route de la colonie de vacances. Je venais de passer quelques jours sur place pour arrêter les dernières dispositions et je devais repartir le lendemain matin très tôt, vers cinq ou six heures. Aussi, la veille au soir, je suis allé me recueillir dans la chapelle qui se trouve dans le parc et que j'affectionne particulièrement. Connaissez-vous les lieux ?

— Oui, bien sûr ! Il se trouve que nous sommes sur place, en ce moment.

— Ah ? Et pourquoi ? Que se passe-t-il ?

— Nous procédons à la réouverture de ce dossier et reprenons tous les éléments recueillis à l'époque. Nous accompagnons des spécialistes qui viennent de dégager l'entrée du blockhaus pour étudier, grâce à des moyens nouveaux, la scène de crime "telle qu'elle est restée", contre toute attente, puisque le site a été protégé suite à la tempête de 1987.

— Ne m'en parlez pas. Elle a défiguré notre parc qui était si beau, enfin… la nature a progressivement repris sa place.

— Vous nous disiez que vous avez appelé…

— Oui, c'est exact. Et là, je n'ai rien compris à l'attitude de vos collègues. Alors que je m'apprêtais à leur dire ce que j'avais vu, ils m'ont, aussitôt, interrompu en me disant qu'ils voulaient juste une précision…

— Comment, juste une précision ?

— En fait, ils ont tenté de m'expliquer, sans le faire vraiment... tout en s'empressant de me dire qu'ils avaient arrêté le coupable... qu'en réalité, ils voulaient simplement savoir si j'avais vu une certaine voiture, à telle heure, à proximité du blockhaus. Ce que je leur ai confirmé et ils m'ont aussitôt répondu que c'était tout ce qui les intéressait et que, de toute façon, l'affaire allait être bouclée très rapidement au vu des éléments qu'ils détenaient. Comme ils semblaient sûrs de leur fait, je n'ai pas insisté, ils savaient mieux que moi ce qu'ils avaient à faire.

François avait laissé le prêtre s'exprimer. L'homme articulait calmement chaque mot. Malgré toute l'excitation qui venait de prendre possession de leur esprit et de leur corps, Phil et François reprirent tout depuis le départ et invitèrent le prêtre à raconter par le détail toute sa soirée. Il devenait évident, que cette fois, ils ne devaient rien occulter ni commettre la même erreur que leurs collègues. Peut-être pouvait-il leur apporter une information déterminante, voire capitale... Ils le ressentaient ainsi, en tous les cas.

François s'efforça de se montrer très calme et fit preuve de patience. Il savait trop qu'il devait lui accorder le temps nécessaire afin qu'il se remémore toute cette soirée et retrouve des souvenirs précis, des images, voire des impressions.

— Je vous propose de prendre le temps de la réflexion. Racontez-nous, aussi exactement que possible, tout ce que vous avez vécu durant cette soirée. Nous allons enregistrer vos propos. Mon collègue, près de moi, tapera le procès-verbal de notre entretien que nous vous soumettrons, avez-vous une boîte e-mail ?

— Moi, non, mais je peux vous donner celle de mon institution, la voici.

— Parfait. Nous allons tenter de vous interrompre le moins possible, allez-y…

L'homme fit un bond dans sa mémoire et il se retrouva dans le parc, ce soir de juin 1987 :

— Nous avions travaillé assez tard pour boucler le dossier de l'arrivée des premiers enfants à la colonie, dès le début de juillet. Nous avions dîné rapidement et je voulais absolument me promener dans le parc. L'odeur des pins, de la mer, des algues, tout cela me procurait toujours une sensation de bien-être, de plénitude insouciante.

— Vous promeniez-vous seul ?

— Oui.

— Quelle heure était-il ?

— Vingt-trois heures trente environ, peut-être un peu plus. Un clair de lune exceptionnel éclairait les lieux. J'étais heureux de marcher dans le parc et mes pas m'avaient conduit tout naturellement à la chapelle où je m'étais recueilli quelques instants. Au moment où je sortais, j'ai entendu un bruit de moteur de bateau qui approchait de la petite crique située juste à côté. Comme nous avions été quelquefois victimes de dégradations de la part de certains jeunes, plus bêtes que méchants d'ailleurs, je me suis placé dans l'ombre du tronc d'un pin pour surveiller les intentions des visiteurs. J'ai vu arriver un bateau pneumatique avec, à première vue, deux personnes à bord que je ne distinguais pas très bien, malgré la clarté. La mer était assez haute et le bateau s'est dirigé tout droit vers la crique pour venir s'échouer en douceur sur le sable. Là, je me suis aperçu qu'il s'agissait de deux hommes et, ce qui m'a surpris, c'est qu'ils ont tiré un peu le bateau sur le sable, sans l'amarrer, comme s'ils allaient repartir rapidement. Ils ont allumé une lampe-torche assez puissante et ils ont sorti une troisième personne qui devait être allongée dans l'embarcation. À eux deux, ils l'ont emportée debout, tenant de chaque côté un bras de cette troisième personne autour de leur cou, les pieds de cette dernière semblaient traîner plus que marcher, entre eux. Je ne distinguais pas bien s'il s'agissait d'un homme ou d'une femme, le corps paraissait plus frêle et léger, c'était un plus petit gabarit qu'eux, en tous les cas, car ils l'ont emporté rapidement et sans éprouver de difficultés. J'ai tout de suite pensé qu'ils ramenaient, à son domicile, un ami, ivre. Je ne sais pas si vous connaissez bien la crique ?

— Si parfaitement.

— Vous savez donc que, lorsque la mer est haute, il faut passer par un étroit passage entre des rochers.

— Oui, nous situons très bien.

— Lors de ce passage, je les ai entendus trébucher et jurer, peut-être avaient-ils chuté. À cet instant, je me suis simplement dit que c'était lamentable de se mettre dans un état pareil. Je suis resté attendre pour le cas où ils auraient de mauvaises intentions en repartant. Ce ne fut pas long, une dizaine de minutes tout au plus, et les deux personnes sont réapparues, délestées du troisième personnage. Elles étaient pressées de remonter dans leur bateau et sont parties à toute vitesse en direction du Rouz ou du Porzou...

— Plutôt l'une que l'autre ?

— Je serais tenté de dire vers le Porzou et la petite plage de Porz Gwir car le bateau semblait se rendre vers là-bas, mais sans certitude, car la chapelle ne me permettait pas de les suivre des yeux et, l'alerte pour moi étant passée, je ne suis pas resté les accompagner du regard. Je suis donc revenu à l'entrée du parc ; par curiosité, j'ai emprunté la route qui mène à la pointe et j'ai remarqué la fameuse voiture que j'évoquais tout à l'heure. Je ne m'en suis pas approché et je me suis dit que le troisième personnage devait être bien ivre, qu'ils l'avaient déposé dans sa voiture pour lui donner le temps de se dégriser et que ce dernier repartirait seul quand il se sentirait mieux. Il faut savoir que cela se produisait de temps en temps quand des jeunes organisaient des soirées trop arrosées dans le fort Vauban, à la pointe, durant l'été. Il devait certainement être déjà bien plus de minuit... Je devais m'en aller dans le Nord de la France, très tôt le lendemain, je suis donc rentré me coucher. Voilà, vous savez tout. C'était ce que je pensais expliquer à vos collègues à l'époque, mais ils ne m'ont pas écouté et n'ont rien voulu savoir de ce que j'avais à leur dire puisque, pour eux, le coupable était arrêté et l'affaire bouclée, ce dont je ne doutais pas et je comprenais bien, de ce fait, que je ne leur apportais rien de plus.

Le récit s'avérait tout simplement “magique” ! Si le prêtre se trouvait face à eux, ils lui auraient certainement sauté au cou pour le remercier ! Sans le laisser paraître à leur interlocuteur, ils venaient de vivre le moment le plus excitant de cette enquête

— Avez-vous eu des informations plus tard sur cette affaire ?

— Non. Je ne lis pas les journaux et, de toute façon, dans le Nord, la presse ne risquait pas d'évoquer un fait divers survenu dans le Sud-Finistère et, qui, plus est, dont la résolution était en cours. Je ne suis pas revenu au centre avant le mois de juin de l'année suivante. Mes amis m'ont confirmé qu'un meurtre avait eu lieu et que le meurtrier avait été arrêté et condamné, comme me l'avaient laissé entendre les policiers que j'avais appelés. Je ne voyais donc pas très bien ce que je pouvais apporter de plus ou d'essentiel puisque tout était terminé et qu'ils devaient certainement détenir toutes les informations nécessaires. Sans compter que, dans l'intervalle, la terrible tempête d'octobre 87 avait dévasté notre parc.

— Bien sûr. Nous comprenons.

— Mais, rassurez-moi ! Ne me dites pas que je viens de vous apprendre ou d'apporter un élément nouveau et important dans cette affaire ?

— Hélas, si ! Et déterminant, en plus ! D'autant plus grave que nous nous acheminons vers le fait qu'un innocent a été condamné à tort...

— Nooonnn... Mais, c'est terrible ! Comment est-ce possible ?

— Tout simplement à cause de différents concours de circonstances...

— Mon Dieu !

L'homme devait prier, car il resta silencieux un long moment, aux prises avec sa conscience. L'instant était particulièrement émouvant, poignant même. François et Phil imaginaient parfaitement les turbulences qui devaient envahir l'esprit de ce saint homme. François proposa de lui adresser par courriel le compte rendu de tout ce qu'il venait de leur confier et lui proposa de le rappeler le lendemain, à une heure qu'ils convinrent, afin de finaliser, voire de rajouter d'autres points de détail si, toutefois, certains lui revenaient à la réflexion ou à la lecture du P.V.

Ils ressentirent parfaitement que l'homme avait besoin d'être rassuré, ils lui affirmèrent « qu'il avait fait ce qu'il devait faire » en son temps et que, parfois, pour des raisons que le discernement ignore, des événements viennent masquer la réalité pour en faire paraître une autre, trompeuse, mais suffisamment réaliste et crédible pour des individus en charge de l'enquête. Ces derniers n'étaient toujours que des êtres humains avec toute la part d'erreurs qu'ils pouvaient commettre de bonne foi.

Après avoir raccroché, les deux OPJ restèrent silencieux quelques instants, incapables de faire quoi que ce soit dans l'immédiat. Ils étaient parfaitement conscients que ces révélations risquaient de bousculer toutes les données de cette enquête. Comme cela se produisait souvent, ils n'allaient plus maîtriser l'évolution de la situation, les événements allaient en prendre le commandement. Dès qu'ils posséderaient les résultats rigoureux et objectifs de la police technique et scientifique, ils rentreraient dans cette fuite en avant qui leur imposerait son rythme. Tout comme le prêtre, ils allaient prier pour éviter les fausses pistes et atteindre le plus rapidement possible la bonne cible.

Ils repensèrent à cet instant à l'affaire de La Turballe*. Ils se retrouvaient, une nouvelle fois, confrontés à une histoire de bateau pneumatique, piloté par deux hommes dont ils n'avaient aucun signalement. Pire, ils ne disposaient d'aucun élément : ni l'immatriculation, ni le nom, ni le moindre signe distinctif de l'embarcation. La clarté de la lune avait bien permis au prêtre de voir le stratagème utilisé, celle-ci n'avait, cependant, pas offert une vue suffisante pour en savoir

---

**Jeu de quilles en Pays Guérandais* - même auteur - même collection.

davantage. Il avait été incapable de répondre si le bateau était gris, noir ou d'une autre couleur, de donner le type de moteur ou d'apporter une quelconque précision.

Néanmoins, à cet instant, les deux OPJ savaient, au fond d'eux-mêmes, qu'ils approchaient de l'épilogue de cette affaire. Ils seraient bien incapables d'expliquer pourquoi, mais ils éprouvaient comme un pressentiment, une jubilation intense. Même s'ils s'interdisaient de céder à des intuitions qui ne seraient pas étayées par des éléments concrets, cette nouvelle donnée venait de déclencher, pour eux, le début de la fin… Habitués à raisonner de la même façon, ils tairaient leurs sentiments à leurs proches collègues.

Avant de rejoindre les spécialistes, ils appelèrent le patron afin de l'informer des derniers événements. Le procureur avait quitté les lieux depuis longtemps. Yann Le Godarec leur précisa, à son tour, que les prélèvements se passaient sans problème, que l'un des deux médecins n'avait pas fait la moindre opposition tandis que l'autre s'était montré odieux et vulgaire mais avait fini par entendre raison. Phil et François imaginaient parfaitement la scène, les deux hommes et le comportement qu'ils pouvaient attribuer à chacun.

En rejoignant l'entrée du blockhaus encadrée d'imposants tags, le chef de l'équipe vint vers eux :

— Nous avons traité un endroit au Blue-Star, ce procédé de révélation physico-chimique des traces de sang résiduelles. Nous avons également effectué des prélèvements par écouvillonnage sur les emplacements fluorescents et nous espérons ainsi obtenir des empreintes génétiques exploitables.

— Comment avez-vous trouvé la scène de crime ?

— Assez incroyable ! Un peu comme si rien ne s'y était passé depuis ! Et qu'elle nous attendait pour nous livrer ses secrets ! C'est totalement impensable, sans cette tempête et l'enfouissement partiel du site qui a finalement tout protégé, rien n'aurait été possible, aujourd'hui. Néanmoins, à présent, il faut accepter que cette scène de crime ait été, on ne peut plus, polluée par des ADN exogènes : que ce soit par des policiers, pompiers, intervenants divers et, sans doute aussi, dans les jours qui ont suivi le drame, par des visiteurs toujours trop curieux. Nos chances d'en tirer parti sont donc très minimes. Le seul intérêt de cette opération est donc de rapprocher nos analyses de ce que nous avons relevé sur les vêtements, d'en faire la comparaison puis d'intégrer l'ensemble de prélèvements salivaires déjà effectués et ceux en cours. Nous établirons alors une cartographie de tous les liens de concordance. Il est évident qu'une foule de ces résultats ne servira à rien ! Mais nous n'avons pas le choix.

— Peut-être, mais vos travaux seront déterminants.

— Je l'imagine aisément. Vous avez avancé, par ailleurs ?

— Énormément. Nous avons acquis la quasi-certitude que la victime a été violée et tuée ailleurs, acheminée par bateau, puis transportée dans cet endroit par deux personnes… Nous commençons enfin à remonter la chaîne du lieu où l'on a découvert le corps vers l'endroit "encore inconnu" où s'est produit le meurtre…

— Chapeau ! Le pauvre type qui a été condamné… il n'a rien à faire en taule, alors ?

— Selon toute vraisemblance, non !

— Je me demande comment je réagirais si je passais près de vingt ans en prison pour une faute que je n'aurais pas commise… Je préfère ne pas y penser ! Vous vous rendez compte, perdre les meilleures années de sa vie, pour rien ?

À cet instant, les autres collègues de l'équipe sortaient du blockhaus pour les rejoindre :

— Nous en avons terminé, vous voulez jeter un œil dans la pièce ? demanda l'un d'entre eux à François et Phil.

— Oui. Nous l'avons tellement imaginée ! Nous devons passer les tenues ?

— Non. Inutile, nous avons prélevé ce qu'il y avait à effectuer, je ne crois pas que nous ayons à y revenir !

Compte tenu de ce qu'ils venaient d'apprendre et du déroulement de cette affaire depuis le départ, cet endroit devenait subitement un espace sacro-saint pour Phil et François. Ils repensèrent à Arnaud…

Ils croyaient qu'en général, lorsque l'on imagine un lieu… on se trompe. Cependant, pour une fois, ils s'aperçurent que cet espace était bien comme ils l'avaient pensé.

Ils suivirent un couloir qui se poursuivait devant eux, mais tournèrent aussitôt à gauche pour s'arrêter dans l'encadrement de l'entrée de la pièce : celle-ci était fraîche malgré les projecteurs installés par les spécialistes.

Ce n'était qu'un cube de béton dont le sol était recouvert de sable, sans autre ouverture que la porte. Les deux palettes de chantier étaient restées sur place, appuyées contre le mur. En les désignant du doigt, Phil demanda au chef de l'équipe :

— Avez-vous découvert quelques indices dessus, en plus de ceux que nous connaissons ?

— Non. Mais nous les emportons au laboratoire pour une analyse approfondie, à tout hasard.

Il n'y avait rien d'autre à voir. Le chef de l'équipe expliqua ce que savait déjà François : le couloir conduisait également à d'autres pièces dont celle qui se trouvait en face et qui bénéficiait d'une grande ouverture principale donnant sur l'extérieur. Elle avait été murée par des parpaings également à la même période. Il se rappelait que cette trouée offrait une vue imprenable sur la baie et la pointe de Beg-Meil, juste en face. Durant la dernière guerre mondiale, une batterie de canons pointait sa menace vers l'entrée de la baie. Le chef précisa :

— Cette pièce était parfaitement accessible à l'époque du drame, mais ne semble pas avoir été concernée par le meurtre. Nous l'avons inspectée, malgré tout, sans rien y remarquer d'intéressant.

Les spécialistes rassemblaient leurs affaires et apposaient les scellés sur l'entrée découverte du blockhaus. Des journalistes de la presse quotidienne régionale, alertés, firent leur apparition. Ils tentèrent de recueillir quelques informations. Sans résultat. Phil et François verrouillèrent tout de suite la communication. Inutile de dire quoi que ce soit pour l'instant, ils espéraient que les journalistes feraient preuve de retenue, d'intégrité et de bon sens et qu'ils n'ouvraient pas la porte à diverses spéculations. Il s'agissait de se montrer extrêmement prudent et d'éviter toute allusion à une hypothétique réouverture de ce dossier qui avait marqué les lieux, vingt ans plus tôt…

Les journalistes se montrèrent très dubitatifs face aux propos des deux OPJ, mais comme ils ignoraient le fondement des recherches, il leur était difficile de comprendre réellement ce qui se passait à cet instant sur les lieux.

Phil et François savaient parfaitement que, lorsque l'information serait révélée, ils pouvaient aisément imaginer sa portée, elle dépasserait rapidement le cadre local et régional pour devenir nationale !

D'autant que, dans le même temps, plusieurs dossiers anciens, datant parfois de plus de vingt ans, venaient de faire leur retour sur la scène médiatique…

Les deux OPJ tournèrent les talons aux journalistes qui restèrent sur leur faim. Mais, devant le mutisme des policiers, que pouvaient-ils faire d'autre ?

Phil et François décidèrent de reconstituer le parcours évoqué par le prêtre. Ils descendirent entre les rochers pour déboucher sur la petite crique de sable fin. La mer était assez haute, sans grand coefficient, et il était possible de l'imaginer semblable, le soir du drame.

Ils se rendirent à la chapelle, enjambèrent le mur de pierre qui délimitait la propriété, se placèrent à côté de l'édifice religieux et imaginèrent parfaitement ce que l'ecclésiastique avait pu apercevoir. Ils se placèrent ensuite à l'endroit où était venu s'échouer le bateau, puis se déplacèrent en se tenant par l'épaule, côte à côte, comme s'ils devaient porter quelqu'un entre eux.

Arrivés dans l'étroit passage entre les rochers, il était impossible de passer de front : les complices n'avaient pas eu d'autre solution que de passer l'un derrière l'autre en portant le corps de la jeune fille, l'un par les pieds, et l'autre, sans doute, par les bras… Mêmes difficultés ensuite pour franchir quelques rochers avant d'atteindre la terre ferme. Là, les deux hommes avaient pu reprendre leur fardeau entre eux jusqu'au blockhaus distant de moins de cinquante mètres.

Phil reprit ses croquis établis lors de leur première visite pour y intégrer le parcours possible des hommes et les difficultés rencontrées.

Les journalistes surgirent à nouveau, prenant des photos, intéressés par le comportement des deux OPJ.

Devant cette nouvelle intrusion, Phil et François regagnèrent leur voiture, quitte à y revenir plus tard. Mais ils possédaient l'essentiel de ce qui les intéressait.

Ils reprirent la route en direction de Quimper, tout en écoutant, une nouvelle fois, l'enregistrement des déclarations du prêtre. Ils éprouvèrent la même sensation que la première fois, cette déclaration revêtait un caractère capital ! Ils se demandaient sans arrêt pourquoi les OPJ de l'époque n'avaient pas été jusqu'au bout de leur démarche. Une fois de plus, la preuve était faite qu'il faut toujours se méfier des a priori.

Si leur enquête venait de faire un bond en avant, il n'en demeurait pas moins qu'il leur fallait retrouver le bateau...

Vingt ans après, il avait dû s'en passer des choses ! Il pouvait avoir été vendu après cette sordide affaire... détruit... Tout était possible. La recherche était d'autant plus complexe qu'ils ne connaissaient pas son port d'attache, sans doute était-ce Concarneau le quartier maritime concerné, mais rien ne pouvait le certifier. Rappelons-nous que, dans l'affaire de La Turballe le bateau pneumatique était immatriculé en

Belgique !* Néanmoins, François appela une de ses connaissances aux Affaires Maritimes. Il voulait savoir s'il était possible de recenser tous les bateaux pneumatiques du quartier maritime de Concarneau en 1987, simplement pour détenir une liste de propriétaires et, le moment venu, la rapprocher des résultats d'analyses de la police technique et scientifique. Peut-être retrouverait-on un même nom à un moment ou à un autre.

L'ami des Affaires Maritimes lui expliqua que tous les services avaient été informatisés dans les années 90. Pour les années précédentes, un travail lourd et fastidieux de recherches s'imposait à partir de microfiches stockées aux archives. Ils pouvaient, bien entendu, ressortir la liste de ces bateaux immatriculés avant 1987 et encore immatriculés à ce jour, mais si l'embarcation avait été vendue et immatriculée dans un autre quartier maritime ou détruite, seules, les archives et les microfiches pouvaient répondre... Autant dire que c'était un travail de titan et que la réponse ne serait pas immédiate. Ceci ne les surprit pas. Même s'ils fustigeaient bien souvent le système informatique, ils reconnaissaient volontiers que celui-ci présentait d'indéniables bons côtés à l'heure actuelle. Sans cette évolution technologique, combien d'affaires ne seraient jamais élucidées ?

---

*Lire : *Jeu de quilles en Pays Guérandais* - même auteur - même collection.

Le regard fixé sur la route, silencieux, agacés par cette situation nouvelle, ils laissaient leur esprit échafauder des hypothèses plus ou moins vraisemblables. Qui étaient ces deux personnes dans le bateau ? D'où venaient-elles ? Où repartaient-elles ? Pourquoi venir précisément à cet endroit ?

Visiblement, elles le connaissaient bien pour y être venues directement et spécialement. Connaissaient-elles Arnaud ?

Si, en écoutant le prêtre, ils avaient ressenti cette impression particulière d'avoir tout compris dans cette affaire, ils s'apercevaient, sur le chemin du retour, qu'ils étaient encore loin d'expliquer tous les faits ayant conduit à ce meurtre. Acte sexuel consenti, avec qui ? Viol : perpétré par qui ? Lieu où s'étaient produits les faits : un seul, plusieurs ? Motivations ? Devaient-ils chercher dans l'environnement de la victime ? Dans celui d'Arnaud ?

François appela Jean Kérustum de l'association ACIDLV.

Celui-ci affirma qu'il ignorait le témoignage du prêtre. Quant à savoir si quelqu'un de l'entourage d'Arnaud pouvait posséder un bateau pneumatique ? Il n'en avait aucune idée. Il téléphona également à la grand-mère qui le demanda à la mère, mais aucune des deux n'apporta la moindre réponse. Il contacta la prison de Brest et, par le biais du directeur, sollicita un entretien avec Arnaud Kergloan. Ce dernier non plus ne connaissait personne qui possédât un tel bateau. Il lui parut inutile d'insister dans cette voie dans l'immédiat…

De retour au bureau, ils firent un nouveau point avec Joël Le Traon et le patron. Si les questions devenaient abondantes, les réponses, elles, ne se bousculaient guère.

# XI

*Mercredi 24 septembre 2008.*

Jamais, durant toute leur carrière, François et Phil n'avaient ressenti cette angoissante impression d'attente durant laquelle tout l'avenir de leur enquête repose sur des résultats de la police technique et scientifique. Cette incapacité d'agir les minait. Le patron et le procureur étaient montés au créneau auprès du laboratoire de Nantes pour tenter de faire accélérer les travaux d'analyses, en vain…

Ils découvraient, au fil des jours, que ressortir une affaire ancienne ne relevait pas du tout du même cheminement dans la démarche que pour ouvrir une enquête. Le travail s'avérait beaucoup plus fastidieux et plus aléatoire car de nombreux événements et des modifications étaient intervenus, que ce soit sur les lieux ou concernant tous les protagonistes de l'affaire. Ils découvraient aussi que, si certaines opérations n'avaient pas été effectuées au moment opportun et précis, il pouvait se faire qu'elles ne puissent plus l'être après. De même, à l'inverse : des analyses, impossibles avant, le devenaient aujourd'hui.

Tout ceci faisait qu'ils ne pouvaient opérer selon leur démarche classique mais qu'ils devaient faire preuve d'inventivité et de réflexion.

Aucune piste n'avait avancé depuis lundi. La mort d'Amélie Motreff était comme une pierre jetée dans l'eau. Des ronds se dessinaient tout autour, dans lesquels gravitaient de nombreuses personnes : comment y débusquer le ou les coupables ?

Phil et François devenaient fous à ressasser ce dossier en permanence. Ils le connaissaient par cœur, dans le moindre détail. N'y tenant plus, ce mercredi, ils avaient décidé de se rendre à Concarneau et demandé à Joël Le Traon de les accompagner. Ce dernier ne se fit pas prier, lui aussi souffrait de ce double enfermement : physique d'abord, et psychique ensuite, avec cette impression permanente de repasser le film d'un dossier tourné vers le passé et dont il ne savait pas s'il cernait bien la réalité de la situation. L'idée de Phil et François consistait à étudier l'itinéraire emprunté par le bateau pneumatique en quittant la petite crique de la pointe du Cabellou.

Le simple fait de quitter le commissariat, tous les trois ensemble, leur fit déjà un énorme bien.

Tout au long de la route, pour détendre l'atmosphère et se donner du cœur à l'ouvrage, François charria, à plusieurs reprises, Joël "Le Bigouden", lui répétant que si Le Guilvinec* était une des perles du

*Voir *La Demoiselle du Guilvinec* – même collection – même auteur.

Sud-Finistère, Concarneau et sa baie valaient leur pesant d'or ! Le temps anticyclonique se poursuivait sur la France et nul doute qu'à l'endroit où ils se rendaient, celui-ci se présenterait sous son meilleur jour ; ce fut le cas, une demi-heure plus tard, laissant Joël Le Traon bouche bée d'émerveillement... À cet instant, le temps et la mer étaient paisibles. La beauté du site, la splendeur du jour et de la lumière les enchantèrent.

Après avoir fait le tour de l'extrémité de la pointe, du fort Vauban et du blockhaus, ils se rendirent au lieu d'échouage du bateau pneumatique indiqué par l'ecclésiastique. Phil venait de déployer sur le sable une carte très détaillée des lieux environnants. Munis d'une puissante paire de jumelles, François et Joël s'installèrent au milieu de la petite plage. Selon le témoin, une destination pouvait être écartée... celle qui consistait à traverser pour se rendre en face à Concarneau, car le bateau avait quitté les lieux en se dirigeant plutôt vers la droite.

En observant cette direction, ils s'aperçurent que la côte était accidentée et très rocheuse. Trois possibilités d'accès en bateau s'offraient à eux et Phil traça ces hypothèses sur sa carte.

La première : le bateau revenait vers la grande plage. Ils s'y rendirent et considérèrent cette hypothèse relativement incongrue. En effet, dans ce cas, les deux personnes avaient tout intérêt à venir en voiture directement à la pointe et à ne pas prendre le risque de charger quelqu'un dans un bateau pneumatique, de descendre ce bateau à la mer, et, au retour, de le remonter ensuite pour repartir... Peu probable. Surtout qu'un bateau pneumatique ne reste pas attaché à son corps-mort en permanence avec son moteur hors-bord... trop facile à voler. Le bateau avait été vraisemblablement tracté par une voiture, depuis l'endroit du meurtre. Le risque d'ensablement de la voiture et la possibilité d'être repérés s'avérant évidents, ils l'écartèrent.

La deuxième solution les conduisait vers l'anse de Kersaux. Ceci les amenait à faire plusieurs kilomètres en voiture pour se rendre de l'autre côté, sur la rive droite de cette anse qui donnait aussi sur la grande plage par sa rive gauche, quasi inaccessible. Ils regagnèrent la route de Trégunc, passèrent Douric ar Zin, pour emprunter, aux feux tricolores, sur la gauche, la voie qui sépare le collège et le lycée de l'hôpital. Ils se garèrent à proximité de la piscine municipale et du complexe sportif et descendirent à pied vers la mer à quelques mètres. Une cale cimentée permettait bien à une voiture de reculer tranquillement et en toute sécurité avec un bateau pneumatique transporté sur une remorque adaptée. Cette situation leur paraissait idéale par sa commodité et sa discrétion.

Se posait la question de savoir si les lieux étaient identiques, vingt ans plus tôt.

Un homme âgé, au teint hâlé et à la silhouette de vieux loup de mer, bricolait sur un canot de pêche tiré au sec, tout à côté. Ce dernier le leur confirma, ce qui les rassura.

Ils se renseignèrent auprès de la réception de la piscine municipale pour savoir si un gardien y assurait une surveillance de nuit. C'était bien le cas depuis la création des installations. Cependant, celui qui était en poste vingt ans plus tôt avait pris sa retraite depuis très longtemps. L'employé actuel précisa que, si un gardien avait en charge l'ensemble, rien ne lui permettait de voir si quelqu'un se rendait en voiture jusqu'à la cale, la nuit, où alors, ce serait par le plus grand des hasards qu'il le remarquerait. Cette probabilité était donc parfaitement aléatoire. Effectivement, en observant mieux les lieux, on s'apercevait que la cale se trouvait dissimulée à l'arrière des bâtiments et donc, en contrebas, le gardien ne pouvait rien voir… Ils quittèrent l'endroit, persuadés qu'ils avaient découvert le point de départ du funeste convoi.

Le troisième site les amenait à remonter vers les établissements scolaires pour contourner le terrain de sport et se diriger vers le bois du Porzou. Au bout de la voie sans issue se trouvait un grand parking dont un espace était aménagé pour recevoir les camping-cars. Plusieurs chemins s'offraient aux promeneurs à pied : ils empruntèrent celui qui descendait vers la petite plage de Porz Gwir. Un chemin pédestre côtier permettait de poursuivre sur plusieurs kilomètres vers Concarneau. L'accès en voiture avec remorque portant un bateau pneumatique semblait inenvisageable. Ils remarquèrent que de nombreux agencements paraissaient récents et donc avoir été conçus depuis moins de vingt ans.

Aucune maison à proximité ne donnait sur cet endroit. On distinguait juste sur les hauteurs du parc de l'hôpital une partie du bâtiment du centre de rééducation fonctionnelle et celui d'une maison de retraite. Un couple de personnes âgées, accompagné d'un caniche, marchait lentement vers eux sur le sentier côtier. Ils l'accostèrent. Le couple vivait depuis une trentaine d'années non loin de là et leur expliqua que, durant cette dernière décennie, les gens venaient en voiture jusqu'à la cale qui descendait vers la plage et la garaient au plus près. Tous les travaux d'aménagement interdisant l'accès aux voitures dataient donc de moins de vingt ans.

Ceci changeait la donne pour les trois OPJ, car le site, tel qu'il se présentait à l'époque, paraissait bien plus discret d'accès que celui situé du côté de la piscine. D'autre part, cette voie semblait la plus directe pour se rendre à la pointe du Cabellou, et sans risque, surtout par mer haute, ce qui était le cas, selon le prêtre.

Ils s'installèrent sur une table de pique-nique, en haut de la plage, pour examiner leur carte. Les deux derniers lieux se prêtaient parfaitement comme point de départ à une action discrète. Ceci signifiait que les deux personnes étaient venues en voiture et donc n'habitaient pas sur place, même si elles pouvaient, cependant, résider non loin de là et connaître parfaitement les lieux…

Regardant la mer et les bateaux amarrés à quelques dizaines ou centaines de mètres du rivage, soudain Joël se gratta la tête, tourna les yeux vers eux avec un air illuminé par l'inspiration et s'exclama :

— Nous avons peut-être tout faux ! Nous nous obstinons à voir les deux personnes partir en bateau de l'un de ces deux endroits. Les faits ont très bien pu se dérouler d'une façon très différente…

— Ah oui ? Et alors, que proposes-tu ?

— Les deux individus pouvaient très bien se trouver ailleurs. Par exemple, du côté du chenal, côté Passage-Lanriec, y avoir amarré leur bateau, être venus prendre un pot ou voir quelqu'un vers Le Rouz, rencontrer Amélie, lui proposer de les accompagner…

— Ce qui veut dire qu'elle les connaissait, dans ce cas… Nous savons qu'elle n'aurait pas suivi facilement des inconnus.

— Oui, possible, admettons. Alors, imaginons un autre scénario : ces deux types, nous allons dire qu'Amélie connaissait, venaient chercher je ne sais pas moi, disons des bouteilles pour faire la fête sur un bateau qui pouvait se trouver ancré dans la baie. Invitée, elle les suit à bord en empruntant le pneumatique… Soirée, fête, alcool, dérapage, ça tourne mal, viol, étouffement, bref le résultat on le connaît. Ces individus connaissent le coin, ils ne veulent pas la passer par-dessus bord, leur bateau serait aussitôt repéré. Ils la chargent dans le hors-bord pneumatique et décident de venir déposer le corps dans le blockhaus qu'ils connaissent bien. En arrivant, ils ont la surprise d'y trouver un locataire, ils lui filent une raclée et se cassent en laissant la victime sur les lieux et retour, ni vu ni connu… Ils ont tout gagné ! La preuve : c'est un innocent, qui se trouvait au mauvais moment au mauvais endroit, qui a tout pris !

Le silence s'installa. Chacun réfléchissait. Cette dernière hypothèse tenait la route, au moins autant que les deux précédentes, sinon mieux. Mais ceci ne facilitait pas pour autant leur travail. Et vingt ans après, comment faire pour vérifier ou interroger le voisinage ? Savoir si un plus grand bateau mouillait dans la baie… bateau qui pouvait appartenir aux parents des deux jeunes, car tout laissait penser qu'il pouvait s'agir de deux jeunes, proches d'Amélie, qui avaient su la mettre en confiance. Décidément, travailler sur une affaire ancienne n'était pas aisé et plutôt déconcertant ! Pourtant à la télévision, tout paraît tellement simple dans les séries policières évoquant des affaires classées dans lesquelles les années n'ont guère de prise sur les enquêtes…

François rajouta :

— Nous devons présumer d'un lieu. Sinon nous n'avons aucun point de départ. Aucun. Et c'est pourtant à partir de là que l'affaire prend toute son importance…

Une fois ces propos prononcés, ils n'étaient guère plus avancés. Ils regagnèrent leur bureau, plus dépités et découragés encore que le matin même… Les deux mêmes questions lancinantes se posaient : qui avait tué Amélie et pour quelle raison ? Ils voulaient que le meurtrier paye pour ce qu'il avait fait. Ils devraient encore patienter car ils avaient appris à se méfier des intuitions autant que des jugements superficiels.

*

*   *

*Jeudi 25 septembre 2008.*

Au café du matin autour de la machine, l'ambiance n'y était pas. Pour tous les trois, la nuit avait été perturbée par toutes les hypothèses qu'ils ne cessaient de ressasser pour tenter vainement d'imaginer le probable déroulement de cette soirée fatidique pour Amélie. Pourquoi se posaient-ils toutes ces questions ? Pour comprendre. Mais, aujourd'hui, y avait-il quelque chose à comprendre ? N'étaient-ils pas tous en train de se taper la tête contre les murs ? En effet, leurs questions ne les conduisaient nulle part !

Enfin, vers dix heures, deux collègues de la police technique et scientifique firent leur apparition au commissariat, ils affichaient un large sourire. Au même moment arrivait le procureur qui venait d'être averti. Une réunion exceptionnelle allait se tenir dans le bureau du patron, Yann Le Godarec.

Comme ils se retrouvaient à sept, finalement, il fut décidé que tout le groupe se réunirait dans la pièce réservée à cette affaire. Celle-ci servait aussi parfois pour des réunions, elle disposait de sièges suffisants, d'un tableau papier et de tous les accessoires pour animer la séance. L'excitation était palpable, le suspense à son comble pour les trois OPJ, impatients d'apprendre les révélations des spécialistes.

Comme dans un cours magistral, ces derniers expliquèrent les travaux réalisés : comment ils avaient établi une nomenclature de tous les ADN recensés et confectionné un tableau récapitulatif explicite. Tout ceci à partir des vêtements de la victime et des tissus appartenant à Arnaud Kergloan ainsi que par les prélèvements effectués sur la scène de crime et, enfin, par le rapprochement à partir de tous les prélèvements salivaires des jours derniers.

L'animateur arrivait au point-clé et chacun retenait son souffle :

— Deux ADN s'affichent sans la moindre équivoque. Nous les connaissions déjà, pour les avoir découverts sur les vêtements de la victime. Cette fois, nous savons à qui ils appartiennent ! Il s'agit de ceux du docteur Renaud de Treyer et de Florian Conogan…

— Merde alors ! s'exclama Phil qui ne put se retenir.

— Une précision cependant, concernant les cellules épithéliales recueillies sous les ongles de la victime… elles ne concernent que Renaud de Treyer.

— Ce qui signifie que s'imposent des explications des deux individus, quant au déroulement des faits, précisa le procureur.

Chaque personne approuva de la tête. Comme à la remise de trophées ou un soir de résultat d'élections, le nom des élus venait d'être dévoilé. Les spécialistes avaient ménagé leur effet, la surprise fut totale, laissant chacun sans voix et abasourdi par l'annonce.

Phil et François revoyaient leur entretien avec les deux hommes. Si l'un d'entre eux n'avait pas attiré leur sympathie ni leur estime, l'autre leur paraissait au-dessus de tout soupçon. Ils doutaient de cette hypothèse et François ne put s'empêcher de demander :

— Vous êtes certains de ce que vous annoncez ?

L'incrédulité pointait avec évidence derrière les mots de sa question.

— Au vu des conséquences de cette assertion, nous avons fait vérifier plutôt deux fois qu'une, vous imaginez bien ! Pas question de commettre une bourde !

— Oui, bien sûr, se contenta de répondre François, sans réfléchir, préoccupé par ce qu'il venait d'apprendre et par ce qui les attendait.

Le procureur et le patron n'affichaient pas d'état d'âme sur la question.

Les résultats venaient d'être connus, une seule

chose comptait désormais… l'arrestation des deux personnes pour mise en garde à vue. Les OPJ devaient les entendre le plus vite possible. Le procureur se leva et décréta en s'adressant au patron qui le suivit dans son mouvement :

— Le coup est parti, on enclenche derrière !

François appela le service où travaillait le docteur Renaud de Treyer pendant que Phil appelait celui de Florian Conogan pour s'assurer qu'ils se trouvaient bien à leur poste. Le premier travaillait bien. Par contre, le deuxième ne rentrerait que dans la soirée car il intervenait pour la journée dans un service hospitalier à Rennes. Les trois OPJ prirent leur Mégane de service et filèrent sans plus attendre en direction de Brest.

Une heure plus tard, ils attendaient le docteur Renaud de Treyer devant son bureau. Celui-ci arriva toujours aussi agité que lors de la précédente rencontre. Lorsqu'il vit les trois policiers puis François venir au-devant de lui pour lui signifier de les suivre sans résistance, alors qu'il s'apprêtait sans doute à vociférer, il s'immobilisa, blêmit et parut complètement désemparé.

— Vous pouvez me dire ce qu'il se passe ?

— Nous vous répondrons quand nous serons au commissariat. Le ton ferme et le visage fermé de François ne laissaient place à aucune discussion. Vous rangez vos affaires, nous partons tout de suite !

Il tenta d'articuler qu'il avait du travail, ses patients,

nombre de rendez-vous à honorer. François lui fit bien comprendre qu'il s'en doutait et demanda à Phil d'aller avertir la direction du départ du docteur de Treyer. L'homme entra dans son bureau, hébété. Il posa ses dossiers sur un meuble bas, tenta de ranger quelques documents. Gestes dérisoires effectués plus par instinct sans doute que par nécessité, il était incapable dans l'immédiat d'accorder ses pensées à ses actes. Il enleva sa blouse blanche, prit sa veste qu'il enfila. Ses mains tremblaient. Avant de ressortir, il se retourna comme pour voir une dernière fois ce lieu de travail, comme s'il savait qu'il ne devait peut-être pas y revenir de sitôt…

Le médecin était encadré par François et Joël. Le trio arpenta les couloirs sous le regard surpris et interrogateur des personnes que le curieux groupe croisait. Ils arrivèrent à la voiture au même moment que Phil. La Mégane reprit aussitôt la direction de Quimper. Le médecin tenta à nouveau quelques questions auxquelles ne fut donnée aucune réponse. La route défilait, silencieuse et morne. Des centaines d'interrogations devaient défiler dans son esprit. Tout en se doutant que les prochaines heures seraient difficiles, le médecin ignorait tout de ce que savaient les policiers.

Il était plus de treize heures lorsque le médecin prit place dans le bureau que Phil et François se réservaient pour les interrogatoires qui devaient durer. Phil demanda à Joël d'aller chercher des sandwichs afin qu'ils déjeunent rapidement avant de commencer. Visite rapide du patron qui informa le procureur.

Vers quatorze heures, l'interrogatoire pouvait commencer. Après avoir travaillé de nombreux jours sur la même affaire, Phil et François éprouvaient, comme très souvent, un curieux sentiment mêlant haine et curiosité à l'envie de découvrir, de comprendre ce qui se cachait derrière la façade si sombre de cet individu…

Après lui avoir rappelé ses droits dans le cadre d'une mise en garde à vue et quand Phil eut rentré son identité sur son ordinateur afin de saisir ensuite ses déclarations, François attaqua :

— Docteur, vous êtes là, dans le cadre de la réouverture du dossier concernant le meurtre d'Amélie Motreff.

— Encore ! Mais, je vous ai déjà tout dit dans cette affaire ! Je n'ai rien de plus à ajouter, s'écria-t-il avec une trace de violence dans la voix.

— Pour être plus précis, nous considérons que vous nous avez délivré une version, arrangée à votre façon. Aujourd'hui, ce que nous voulons vous entendre dire c'est la vérité, la réalité des faits !

— Eh bien, c'est ce que j'ai déjà fait et je n'ai rien de plus à ajouter !

François reprit le procès-verbal des déclarations du médecin et le relut attentivement, lui demandant en conclusion s'il les maintenait ou s'il voulait changer quelque chose.

Sa réponse fut immédiate et agressive, il n'y avait rien à corriger !

Il semblait reprendre une certaine vigueur. Sans doute espérait-il que rien ne pût venir modifier ce qui avait été déclaré et enregistré en son temps, d'autant plus que ceci avait été repris à plusieurs occasions par la suite et accepté par tous, sans que ceci ne lui ait posé jusqu'alors le moindre problème. Il devait, vraisemblablement, se sentir conforté sur cette déposition arrêtée. Il ne savait toujours pas ce que connaissaient les OPJ, alors il se calait pour jouer son rôle, comme il l'avait fait jusque-là. Son regard sombre brillait d'une exaltation inquiétante et il affichait l'assurance du type qui ne craint rien :

— Que voulez-vous que je vous dise d'autre ? Vos collègues ont, en leur temps, enregistré nos propos et les ont certainement vérifiés. Pourquoi allez-vous rechercher je ne sais quoi, aujourd'hui…

Sa colère durcissait de plus en plus sa voix.

— Contrairement à nos collègues, nous disposons d'éléments irréfutables vous concernant et vous impliquant dans le meurtre perpétré en juin 1987 sur la personne d'Amélie Motreff !

— Ah, ah, ah, elle est bonne, celle-là ! Le rire sardonique et forcé de l'homme leur parut déplacé. Voilà autre chose, je voudrais bien voir ça !

— Nous y arrivons ! Comment pouvez-vous expliquer, notamment, la présence de traces spermatiques et de petits indices divers vous appartenant, je veux dire d'ADN, sur les vêtements de la victime ? Ce n'est pas à vous que nous allons expliquer la fiabilité de l'ADN !

— Qu'est-ce que j'en sais, moi ?

— Quelle peut être votre explication ?

— À mon avis, elle est très simple. Pour se valoriser, toutes ces jeunes élèves infirmières ou aides-soignantes, afin de modifier et de changer le plus souvent possible leur look, se prêtent leurs vêtements et il se trouve, sans doute, que j'ai eu des rapports avec l'une d'entre elles et que le vêtement n'a pas été lavé dans l'intervalle, voilà tout !

Les deux OPJ furent sidérés par l'aplomb incroyable de l'homme qui se tenait devant eux, prêt à tout plutôt que de s'avouer vaincu. Ils ne lui demandèrent même pas avec qui il avait éventuellement pu avoir “des rapports”, comme il venait de leur dire, préférant rester concentrés sur leur cible.

— Ce que vous venez de dire est ridicule et simplement stupéfiant !

— Ah oui ? Eh bien, prouvez-moi le contraire !

— C'est ce que nous allons faire ! Non seulement, vos propos tiennent de l'invraisemblable, pour ne pas dire du pitoyable, car vous savez très bien que nous aurions découvert un autre ADN dans ce cas, au moins celui de l'autre jeune fille ayant aussi porté ce vêtement, ce qui n'est pas le cas ! Mais soit, acceptons-les ! Cette explication fantaisiste pourrait s'appliquer à des jeunes filles, voulant comme vous l'avez dit, « se valoriser entre elles ». Nous pouvons donc, éventuellement, accepter cette hypothèse concernant certains vêtements comme une veste, un manteau, un foulard, que sais-je encore... Mais, un sous-vêtement ! Un slip, en l'occurrence, vous vous rendez compte du ridicule de votre réponse ?

— Et pourquoi pas ? Il y a des sous-vêtements très chics, vous savez !

— Arrêtez ! Changez d'attitude ! Vous êtes ignoble ! La jeune fille portait SES vêtements souillés par VOUS, la nuit du drame !

— Et alors ? Prouvez-moi qu'ils lui appartiennent bien et qu'elle seule les a portés et jamais personne d'autre !

— TAISEZ-VOUS ! Vous êtes abject, s'exclama François en frappant du plat de la main sur la table, faisant sursauter du même coup son interlocuteur.

— Vous me demandez de me taire ? Très bien, c'est ce que je vais faire ! Je m'en tiens à ma déclaration et je n'en changerai pas un iota !

Sur ces mots, il croisa les bras, se cala confortablement sur la chaise, baissa la tête et ignora les deux OPJ, ne répondant plus à aucune question. Il y avait là quelque chose de provocant, une attitude de mépris subtil et de parfaite maîtrise de soi. Impossible de savoir ce qu'il éprouvait. François s'y reprit à plusieurs reprises pour lui rappeler à quoi il s'exposait et les risques que son attitude lui faisait courir... mais le médecin ne broncha pas. Désormais, il traquait les phrases troubles, les faux silences, la douceur excessive du ton. Il se méfiait de tout et ne voulait plus s'exposer. Ce n'est qu'au bout d'une demi-heure environ de mutisme qu'il demanda à quelle heure il pouvait regagner son service à Brest. Cette fois, ce fut François qui prit sa revanche en lui répondant, à son tour, par un rire tout aussi sardonique et quelques propos persifleurs.

Ils appelèrent un gardien pendant que Phil et François allaient rendre compte de la situation au patron. Elle était devenue ubuesque. Joël participa également à l'entretien chez le patron. Mais, il était l'heure pour lui d'accompagner un binôme à la clinique de Brest afin d'attendre et de ramener le docteur Florian Conogan. Il quitta aussitôt le bureau et rejoignit ses collègues.

Phil, François et le patron décidèrent d'affiner l'approche de l'interrogatoire qu'ils allaient avoir avec Florian Conogan. Depuis le passage des deux OPJ, les deux médecins s'étaient-ils concertés ? Avaient-ils préparé un système de défense commun, comme ils avaient dû le faire lors de leurs déclarations au moment du drame, notamment au sujet de leur départ de l'hôpital ? D'où ces affirmations effrontées…

Ils n'y croyaient guère et considéraient que ce comportement était simplement dû à l'esprit tordu du docteur de Treyer. Néanmoins, tout restait possible. Ils avaient fait un pas de géant, mais restaient tout de même, pour l'instant encore, dans l'impasse. Quant au docteur Conogan, ils devaient l'amener à se dévoiler sans entrer dans le piège du mutisme dans lequel ils se retrouvaient actuellement face au docteur de Treyer. Ils décidèrent donc de ne pas procéder de la même façon mais de dévoiler d'emblée au docteur Conogan, certaines révélations de son ami, Renaud de Treyer, le mettant "seul en cause" pour lui faire porter toute la responsabilité du drame durant cette tragique soirée. Florian Conogan ne pouvait pas connaître les réactions ni le comportement adopté par son ami durant ces dernières heures, alors, autant prêcher le faux pour le déstabiliser, de façon à le faire craquer. Dès lors, la partie pouvait basculer à leur avantage… Ils le savaient ou, tout au moins, ils l'espéraient.

Ils revinrent interroger Renaud de Treyer qui n'avait pas changé d'attitude. François lui rappela que celle-ci serait retenue par la justice contre lui comme un élément aggravant, le moment venu. Il y resta insensible, leur jetant même un regard teinté d'ironie. Ils lui proposèrent de l'eau qu'il accepta d'un signe de la tête. Après s'être désaltéré, il redemanda, avec une vive arrogance, en consultant sa montre, à quelle heure il pouvait s'en aller car il avait des choses plus importantes à faire que de vivre cette mascarade avec eux ! Écœuré par son comportement, François le remit en place de verte façon et il invita deux gardiens à le reconduire en cellule où il devrait rester seul, sans contact avec qui que ce soit.

Quelques heures plus tard, le docteur Florian Conogan fit son apparition auprès de Joël Le Traon. L'inquiétude se lisait dans ses yeux, la peur aussi... Inutile d'être un grand spécialiste des interrogatoires pour savoir que cet homme ne tiendrait pas tête de la même manière que son ami et que, de toute façon, s'il tentait de le faire, ils sauraient lui faire céder du terrain rapidement.

Pour augmenter le cérémonial, le patron accompagna François et Phil dans le bureau où ils installèrent Florian Conogan à la place occupée par son ami précédemment. Yann Le Godarec, d'une voix solennelle, lui rappela ses droits et lui signifia sa mise en garde à vue, puis quitta le bureau, le regard fermé et grave. Le médecin semblait déjà ébranlé intérieurement, tout allait trop vite autour de lui. Il se sentait pris dans une nasse et aspiré par le fond sans qu'il ne puisse réagir.

Après les formalités préalables concernant l'identité, François commença :

— Je pense que vous n'ignorez pas que votre ami, Renaud de Treyer, a été arrêté ce matin, mis en garde à vue, puis en examen après des aveux circonstanciés... Nous attendons les directives du procureur pour l'incarcérer.

— Pour l'incarcérer ?

La violence de ce nouveau choc ne pouvait que précipiter les choses.

Phil trouvait même que François allait un peu

fort, mais après tout, ce n'était que du verbal et ces quelques mots pouvaient se montrer déterminants… Florian Conogan venait de prendre ces informations en pleine figure. Le contexte dans lequel il se retrouvait là, assis, face à deux policiers, le décontenançait déjà :

— Mais… mais… jjje… je n'comprends pas ! Que se passe-t-il ? Vos collègues ne m'ont rien dit ! Ils n'ont même pas voulu me répondre !

L'affolement et de nombreuses questions se lisaient dans ses yeux.

— Ah bon ? Excusez-nous, nous croyions que vous le saviez !

— Que je savais quoi ?

— Que vous êtes là dans le cadre de la réouverture du dossier concernant le meurtre d'Amélie Motreff. Grâce aux traces spermatiques retrouvées sur les vêtements de la jeune fille, pour être précis, nous disposons, aujourd'hui, d'éléments d'ADN. Celles-ci vous impliquent, ainsi que votre ami. Notre difficulté, désormais, étant de définir votre rôle et la gravité de chacun de vos actes durant ce drame, pour que la justice fixe sa sentence. Inutile de vous préciser que votre dossier va relever des assises !

— Relever… des assises ?

Les coudes posés sur les genoux, il précipita sa tête entre ses mains, pour se voiler la face et éviter d'affronter le regard des OPJ. Il bredouilla quelques mots :

— Mon Dieu… il fallait bien, qu'un jour ou l'autre, tout ceci ressorte !

François se tourna vers Phil, esquissant un sourire à peine perceptible. Il avait réussi, de toutes ses forces, sa frappe au foie de l'adversaire. L'homme ne tarderait pas à tout leur raconter. Il suffirait ensuite de confronter les deux personnages, se disaient-ils. Il enchaîna calmement, mais fermement, comme si les événements étaient acquis et qu'il ne s'agissait simplement que de vérifier certains détails :

— Oui, comme je vous le disais, nous détenions des preuves… et maintenant des aveux. Mais, dans ce dossier, toute notre difficulté consiste à découvrir votre degré d'implication dans le décès d'Amélie Motreff. En effet, sauf si vous nous apportiez une version contradictoire… et c'est la raison pour laquelle vous vous trouvez là, en ce moment, selon votre ami, toute la responsabilité vous en incombe… Autant dire que vous allez prendre pour perpète ! La perpétuité, si vous préférez !

Abasourdi, l'homme releva la tête, c'était comme s'il avait pris dix ans d'un seul coup. Il paraissait subitement plus âgé, marqué par la terreur qui venait de poser son empreinte sur son visage.

Tout s'était envolé autour de lui, il ne devait plus savoir où il se trouvait ni ce qui lui arrivait et encore moins ce qui allait suivre. Il voyait le spectre de l'enfer se dresser devant lui, une véritable fournaise de géhenne.

— Attendez… Attendez… Que vous a-t-il déclaré exactement ?

— Je viens de vous le dire : toute la responsabilité du meurtre vous incombe… Vous comprenez, c'est très grave…

— Mais ce n'est pas possible qu'il ait pu vous dire ça… Il sait bien comment les choses se sont passées… Je n'ai rien fait de mal… Mais, bon Dieu, il le sait bien, pourquoi voudrait-il me faire porter la responsabilité ? C'est impensable !

— Nous le savons trop bien. Dans ce genre de situation, chacun tente de tirer ses marrons du feu et tant pis pour le voisin…

François jeta un regard rapide vers Phil. Un flottement venait de s'installer. Florian était visiblement dans l'embarras et ne comprenait pas bien la situation. Pour François, il s'agissait de ne pas perdre l'avantage acquis au moment où il avait réussi à planter ses banderilles. Alors que l'homme courbait la tête, voilà qu'il tentait à nouveau de la relever. François mesurait parfaitement que, dans les secondes à venir, ses propos allaient être déterminants. Il devait à tout prix l'amener à s'expliquer.

Malgré les coups de boutoir successifs assénés, Florian Conogan tentait absolument de retrouver ses esprits et de garder la tête hors de l'eau. Quant aux deux OPJ, ils ne voulaient qu'une chose, l'amener à leur faire découvrir ce qu'ils ignoraient de cette affaire… Ils sentaient que la réponse se trouvait désormais là… juste devant eux. Ils n'en doutaient plus une seule seconde.

Dans son regard désespéré, chacun voyait bien que le médecin ne comprenait pas ce qui lui arrivait, il était perdu et cherchait à reprendre pied.

Son angoisse frisant la panique leur parvenait très nettement.

François adopta le ton de la confidence afin de le mettre en confiance et de le faire parler :

— Pour être très honnête avec vous, Docteur, les déclarations de votre ami, qui n'ont pour seul objectif que de se défausser sur vous, nous gênent… Elles nous gênent vraiment. Et, l'un comme l'autre, nous avons du mal à croire que vous puissiez être responsable de ce drame, qui plus est, le seul responsable !

François marqua un silence pour permettre à son interlocuteur de réfléchir et de se placer :

— Alors, ce que nous vous proposons, c'est que vous nous donniez votre version exacte des faits, en respectant la réalité des événements et la justice en tiendra compte. Bien entendu, si vos révélations s'avéraient différentes de celles de votre ami, les conséquences, dans ce cas, ne seraient plus à la hauteur de ce qui vous attend en ce moment même. Vous comprenez ?

Il restait incapable de parler, tétanisé par l'avalanche de mots qui venait de l'ensevelir partiellement.

— Docteur ? Vous avez bien compris ce que je viens de vous dire ?

François rappelait en permanence son titre, ceci était important dans l'immédiat.

Pas de réponse. L'homme portait le regard de quelqu'un qui avait vu la mort de près. Le silence était pesant et l'équilibre fragile.

— Docteur, voulez-vous que nous vous servions de l'eau ou un café ? Ensuite, nous allons prendre calmement votre déposition. Sachez que nous ne sommes pas CONTRE vous, mais AVEC vous, dans cette affaire, vous me suivez ?

François tenta de traduire ce qu'exprimait son regard, à cet instant.

— Oui... oui... C'est fou... C'est pas possible... Oui, je veux bien...

— Que nous prenions votre déposition ? demanda François du bout des lèvres, ne sachant pas comment interpréter les propos du médecin dont le cerveau paraissait pour le moins perturbé, voire en pleine confusion et surtout peu préparé à ce type de situation.

— Non, un café... je marche au café toute la journée...

— Très bien, comment le voulez-vous, serré, long, sucré ?

— Serré... non sucré.

— Je vous en commande deux, comme vous venez de me dire que c'est votre moteur !

Il approuva de la tête.

Phil décrocha aussitôt et passa commande des cafés

et ils s'en firent livrer aussi. Tous les deux observaient le médecin, ils voyaient bien qu'il mettait de l'ordre dans ses pensées. Ils le sentaient prêt à tout déballer… Qu'allaient-ils apprendre sur cette fameuse nuit ? Qui avait fait quoi ? Pourquoi ? Comment ? Autant de questions qui se bousculaient dans leur tête, mais leur longue expérience leur permettait de se maîtriser et de ne rien laisser paraître, alors qu'ils brûlaient d'impatience de le faire parler, de tout savoir.

Embarras, hésitation, interrogation, incompréhension… tout devait se confondre dans le cerveau du médecin qui affichait à présent un air las et désabusé. Il tentait certainement de se frayer un chemin, d'étayer des réponses, mais c'était un peu comme le rocher de Sisyphe, il tentait sans cesse de concentrer ses idées pour les organiser, mais elles s'échappaient aussitôt, il ne s'en sortait pas.

François était sur des charbons ardents, il avait l'impression d'être à la pêche à la traîne et de tirer un très, très gros poisson ; il savait qu'il fallait le remonter à bord sans casser le fil, tout était question de patience et de dextérité… Il rompit le silence qui s'était installé. Il devait reprendre et se demandait de quelle manière il allait rétablir le contact sans créer, chez son interlocuteur, une réaction négative de volte-face.

Le premier café du médecin avalé, il reprit de la même voix égale :

— Docteur, regardons la réalité en face. Pour vous aider, nous avons besoin de votre version... Nous devons appréhender ce qui s'est réellement passé ce soir-là. Si vous nous expliquez votre geste, nous pourrons comprendre, sinon...

Florian Conogan avala son deuxième café. À présent, son visage traduisait à nouveau la concentration et l'apaisement. François le sentait disposé à s'expliquer, il l'encouragea en prenant grand soin de parler calmement :

— Docteur, partons, si vous le voulez bien, de votre vie à l'hôpital au cours de votre stage... Puis, il nous faudra une chronologie précise des faits.

Cette proposition fut le déclic pour Florian Conogan. Quand il parla, sa voix, curieusement grave, fut calme et naturelle, sans trace d'emphase :

— Mon stage se déroulait merveilleusement bien et ce qui était unique et inespéré, c'est que j'avais la chance de le faire non loin du domicile de mes parents. Cette expérience nous mettait en situation réelle, elle était donc importante pour nous. Je l'effectuais avec Renaud, mon meilleur copain de cycle. Les cours universitaires, comme vous le savez, sont harassants. C'est un véritable marathon, nous devons avaler tellement de choses en si peu de temps que beaucoup d'entre nous craquent, d'ailleurs ! Ce stage nous offrait un bol d'oxygène et de bien-être. Pour la première fois, nous mettions de côté la boulimie de l'apprentissage des connaissances et prenions le temps de regarder autour de nous, de lever la tête, de vivre tout simplement. Et dans cette pause, estivale de surcroît, toutes les jeunes filles de notre entourage ne nous laissaient pas indifférents. Nous avions enfin envie d'en profiter un peu…

François ne voulait surtout pas interrompre Florian Conogan qui s'était détendu dès le début de ses propos.

Son regard s'était empli de nostalgie et il se sentait parfaitement disposé à se raconter… Il parlait à présent comme si personne ne l'écoutait, comme s'il parlait pour lui-même. Il poursuivait son monologue :

— Certaines savaient se montrer provocantes, voire aguicheuses. Ce n'était pas du tout le cas de Brigitte ni d'Amélie. Elles étaient toutes les deux gracieuses et, d'une certaine manière, dans leur simplicité, d'une beauté étourdissante. C'était ainsi que je les percevais. Mais nous savions tous qu'il ne faut jamais chasser sur les terres de sa paroisse, car ceci engendre plus de problèmes qu'autre chose. Néanmoins, Amélie avait en elle quelque chose qui m'attirait. À plusieurs reprises, nous avions échangé des regards qui en disaient long, mais nous en étions toujours restés là. La nature m'avait correctement desservi, malgré une certaine timidité, je n'éprouvais guère de difficulté à attirer à moi une jolie fille, ce qui n'était pas le cas de mon ami Renaud qui m'en voulait parfois, se laissant même aller à quelques réflexions acerbes et à un comportement irrationnel de jalousie à mon encontre…

Il s'étendit alors sur le fait que, durant ses études, il choisissait une fille parmi les étudiantes en médecine avec laquelle il sortait une fois ou deux, et passait à la suivante. Il changeait de partenaires, comme un multiplex… les films de ses salles. Il lui était arrivé à plusieurs reprises d'avoir des aventures d'un soir. Le lendemain, il se sentait toujours très à l'aise, contrairement aux filles. Il n'en éprouvait pas de gêne et ne se sentait pas obligé de se justifier. Il expliqua alors que Renaud vivait tout le contraire. Maigre et crispé, ce dernier souriait rarement, ne riait franchement quasiment jamais et donnait l'impression de ronger son frein, ne s'attachant l'intérêt d'aucune jolie fille, alors que toute la séduction déployée par les autres collègues s'avérait efficace. Sans se sentir exclu, il le vivait très mal et paraissait tout le temps frustré…

Après cette longue digression, il marqua un temps de silence, comme s'il cherchait à réfléchir à la manière dont il allait introduire le sujet qui l'angoissait malgré tout, car nul doute qu'il n'avait pas perdu de vue qu'il devrait, à un moment ou à un autre, raconter ce qui s'était passé. Il reprit sa respiration, déglutit, contempla longuement ses mains avant de lever les yeux sur François et de continuer :

— Ce soir-là… nous prenions un verre dans la salle de pause. Renaud et moi hésitions sur ce que nous allions faire de notre soirée… nous rendre dans quelques boîtes ou bars de nuit de Concarneau ou de la région… peut-être ramener une jeune fille à la maison… Et soudain, Brigitte et Amélie sont arrivées. La soirée venait de s'illuminer d'un seul coup, nous redoutions qu'elles soient de service toutes les deux, mais finalement, seule Brigitte prenait son travail. Elle ne tarda pas d'ailleurs à rejoindre son poste. Renaud a, alors, voulu taquiner Amélie. Je ne voudrais pas passer pour quelqu'un de trop présomptueux, mais elle ne regardait que moi et je fis comprendre à Renaud de laisser tomber, la prenant de fait sous ma coupe, indirectement… Sans rien lui dire de mes intentions, nous sommes sortis ensemble et l'avons laissée quitter l'enceinte de l'hôpital à pied…

— Pour ne pas être vus courtisant une élève infirmière, c'est ça ?

Il hésita avant de répondre :

— …Je ne vous cache pas qu'il y avait un peu de ça, finit-il par avouer. Les mots venaient plus facilement, à présent. Dans la voiture, nous l'avons regardée s'éloigner, élégante dans sa démarche. J'ai demandé à Renaud de s'asseoir à l'arrière de la voiture. J'ai démarré et, peu après la sortie de l'hôpital, je me suis arrêté à sa hauteur et je l'ai invitée à monter avec nous et à venir chez moi pour prendre un pot. Après, on verrait pour la soirée et, de toute façon, on la raccompagnerait chez elle. Elle n'a pas hésité et s'est installée près de moi à l'avant. Elle avait bien compris que c'était moi qui m'intéressais à elle et non Renaud… Pourrais-je avoir un autre café ?

Phil en fit la commande par téléphone auprès d'un gardien en tenue. Il sentait, tout comme François, que rien n'arrêterait Florian dans le récit des événements, sans doute avait-il besoin de soulager sa conscience.

Quelques minutes plus tard, le temps pour lui aussi, sans doute, de réfléchir aux propos qu'il allait tenir, il reprit :

— Vous savez… les victoires ont tendance à glisser sur vous. Les défaites restent à vos côtés, vous rappellent à l'ordre, vous tapent souvent sur l'épaule pour vous interpeller et finissent par alourdir votre démarche et, souvent même, s'approprient votre sommeil, certaines nuits…

Il marqua encore une petite pause tout en terminant son café :

— Mes parents sont propriétaires d'une très grande maison dont l'immense sous-sol est divisé en deux : une partie, utilisée pour le garage et le rangement et, l'autre, pour ma grande chambre-bureau que j'utilisais depuis le collège et le lycée et, communiquant avec celle-ci, une pièce aménagée en salon qui me servait à passer des soirées entre amis, à boire, danser, m'amuser, faire la fête.

— Mes parents étaient absents, nous nous sommes tout de suite installés dans cette pièce. Renaud a mis la musique, car s'il était mauvais dragueur, curieusement, il était bon animateur et DJ. J'ai sorti du réfrigérateur une bouteille de coca et une d'excellent whisky, que mon père ramenait de l'étranger. Renaud s'est alors chargé de faire le service et nous nous sommes mis à danser comme des fous, d'une façon débridée. Elle riait aux éclats et était belle comme je ne l'avais jamais vue ni imaginée jusque-là. Il émanait de sa personne une sorte de grâce joyeuse qui la rendait légère et animée d'une intelligente beauté. Le mot "lumineuse" serait trop faible pour la décrire. Ce fut le coup de foudre immédiat. Une harmonie rare s'est immédiatement établie entre nous. Nous nous sommes retrouvés dans les bras l'un de l'autre, en ayant l'impression que nous allions vivre la plus grande histoire d'amour que la terre ait jamais connue.

Ses yeux s'embuèrent à cet instant. Une ombre avait traversé son visage. Gêné, il baissa la tête pour regarder le sol. Il paraissait totalement sincère dans ses propos et l'émotion gagnait Phil et François, tellement son récit permettait de visualiser la scène. Ils ne disaient rien. Ils avaient seulement ressenti un drôle de pincement au cœur. Florian devait revivre avec intensité des instants qui l'avaient marqué à vie. La voix légèrement rauque, regardant à présent ses mains, il continua :

— Nous nous sommes dit "tout et n'importe quoi", tout revêtait la couleur et la chaleur de notre amour. Renaud continuait à servir à boire, dans l'euphorie rien ne nous arrêtait, la musique continuait, plus douce, moins forte, mais nous ne nous en soucions plus, nous étions bien, l'un contre l'autre, dans un slow sans fin, à mille lieues de là et nous nous parlions sans cesse. De toute ma vie, que ce soit avant ou après cette rencontre, je n'ai jamais vécu de moment aussi fort. Je l'ai entraînée dans ma chambre, juste à côté. Nous éprouvions autant de désir l'un que l'autre. Nous étions faits l'un pour l'autre et rien ni personne ne pouvait nous arrêter. Ce qui m'a étonné à cet instant, c'est que je la sentais de plus en plus ivre. Comme je l'étais un peu aussi, je m'étais simplement dit qu'elle devait moins résister à l'alcool que moi, ce qui n'avait rien d'étonnant. Nous avons fait l'amour, sans même nous déshabiller, son soutien-gorge simplement dégrafé sous son pull léger, son slip partiellement glissé. Je m'en souviendrai toute ma vie… Nous avons découvert le même plaisir au même moment dans une apothéose hors du commun. Puis, nos corps se sont calmés. Véritablement ivre, elle s'est endormie pratiquement dans les minutes suivantes. Curieusement, je la trouvais toujours aussi belle, elle gardait comme une part de mystère, allongée sur mon lit, le visage reposé et, pour la première fois de ma vie, je me suis dit que j'aimerais la revoir, que j'éprouvais quelque chose de très fort pour elle, que… que… Excusez-moi, je ne trouve plus les mots.

Des larmes coulaient cette fois sur ses joues. L'intensité de ses souvenirs était tellement violente qu'il les revivait à nouveau. On ne pouvait mettre en doute sa sincérité. Il sortit son mouchoir, s'essuya le visage et se moucha, avant de reprendre, la voix brisée :

— Je me suis relevé en titubant, je me suis rendu auprès de Renaud. En me voyant arriver, il s'est mis à rire et m'a dit : « Alors, c'était un bon coup ? » Pour la première fois de ma vie, j'ai trouvé cette expression sordide et je lui en ai voulu de dire cela. Il ne pouvait pas imaginer, une seule seconde, ce que j'éprouvais... Il buvait toujours et s'occupait de la musique et il a rajouté : « Je t'ai rincé la p'tite, elle devait être à point ! » Je ne comprenais pas, j'ai cru un instant qu'il s'était fait voyeur : « Mais, que veux-tu dire, tu es venu nous voir ? » Il a levé son verre et m'a dit : « Pour elle, beaucoup de whisky et très peu de coca ! » Je venais de comprendre pourquoi elle était défoncée et pourquoi, une fois l'excitation passée, elle s'était endormie. Je lui ai rugi que ce qu'il avait fait était dégueulasse et que si, une fois encore, il s'aventurait à s'immiscer dans mes affaires, ce serait la fin de notre amitié... Je lui ai passé une engueulade comme je ne l'avais encore jamais fait à personne et surtout pas à lui, jusque-là. J'ai eu soudain la certitude absolue que ce type était l'abruti le plus sinistre et le plus pathétique que je connaisse. À cet instant, j'avais envie de lui mettre mon poing dans la figure, de le prendre par le col et de le virer de chez moi à coups de pompes. D'ailleurs, c'est ce que j'aurais dû faire... Mon Dieu, pourquoi ne l'ai-je pas fait ?

Il sombra dans un silence courroucé, se mordit les lèvres et regarda vers la fenêtre, respirant bruyamment par le nez. La tension était à son maximum. Phil et François ne disaient toujours rien. Phil notait tout ce qu'il entendait et son magnétophone tournait près de lui.

L'un et l'autre avaient décroché le combiné du téléphone fixe et coupé leur portable discrètement. Le moment était trop fort, il ne fallait surtout pas rompre l'élan dans lequel Florian s'était engagé pour avouer au moins une fois dans sa vie tout ce qui s'était passé et comment les faits s'étaient déroulés. La moindre interruption parasite pouvait tout arrêter, et il ne le fallait pas.

Il continua :

— Il s'est renfrogné et a pris son air de chien battu. Je le trouvais lamentable, minable... Je lui ai dit que je montais à l'étage prendre une douche, car il n'y avait pas de salle de bain au sous-sol. Je me suis rendu, non pas au rez-de-chaussée où il n'y en avait pas non plus, mais au premier étage. Plus aucun bruit ne me parvenait, même pas les basses de la musique. Je suis resté longtemps, très longtemps, sous l'eau chaude qui me faisait le plus grand bien et je repensais à Amélie, sans cesse. Son extrême réserve en public contrastait avec sa capacité à me surprendre en privé. J'en étais totalement imprégné. Elle m'avait complètement chaviré. J'entendais sans cesse son rire mélodieux. Il s'était passé quelque chose de très fort que je n'avais jamais ressenti jusque-là, et j'avais vraiment envie de faire un bout de chemin avec elle. Elle apparaissait à mes yeux comme un objet fragile et, cependant, infrangible. Je me suis changé tranquillement et je suis redescendu avec l'intention de dire à Renaud de rentrer chez lui, que je gardais Amélie pour la nuit auprès de moi. J'avais hâte de la revoir le lendemain matin au réveil, pour parler avec elle, pour qu'on se découvre véritablement, comme je ne l'avais encore jamais fait avec aucune autre fille avant. L'escalier menant au sous-sol arrivait près de la porte de la pièce de détente et je remarquais que Renaud n'était pas là. Il n'y avait plus de musique. Je me suis dit qu'il était peut-être rentré chez lui après l'engueulade que je venais de lui passer. Ce qui n'avait rien de surprenant, il était assez coléreux, avait un caractère entier et était, je l'ai toujours pensé, un peu psychotique. Pour moi, ça tombait bien car je n'avais pas envie de le revoir ce soir-là.

L'émotion était trop forte. Florian Conogan pleurait véritablement, se prenant la tête entre les mains. Après de longues minutes silencieuses et quelques reniflements, il reprit, et l'amertume qui déformait sa voix était trop brûlante pour ne pas résulter d'une souffrance personnelle :

— Le silence régnait et j'ai entendu comme un gémissement venant de ma chambre. Je me suis précipité. Renaud était là, il venait de la violer pendant son sommeil, elle avait dû réagir, se défendre… Ses yeux étaient… exorbités et j'ai remarqué qu'il tenait encore son avant-bras serré sur le cou d'Amélie sans doute pour qu'elle ne crie pas pendant son horrible forfait. J'ai alors hurlé de toutes mes forces. Il s'est arrêté, piteux, il s'habillait maladroitement, tandis que je me portais immédiatement près d'elle pour sentir son pouls. Je ne le percevais plus… Je me suis relevé, j'ai secoué Renaud en le prenant par son col et je lui ai crié, je ne sais combien de fois : « TU L'AS TUÉE… TU L'AS TUÉE… TU TE RENDS COMPTE, TU L'AS TUÉE ! Elle ne respire plus, ELLE EST MORTE ! » Renaud restait là, les bras ballants.

Il se moucha violemment :

— Et là, contre toute attente, on s'est jetés dans les bras l'un de l'autre et on a pleuré tout ce qu'on a pu… Je ne me suis jamais expliqué cette attitude, alors que je le haïssais et le maudissais sur l'instant. Tout venait de s'écrouler autour de nous. Quand le calme fut revenu dans notre tête, nous devions bien nous rendre à l'évidence : Amélie avait cessé de vivre…

Avec une passion soudaine, comme si les mots sortaient de sa bouche contre son gré, Florian déclara :

— Nous devions réfléchir rapidement et surtout garder notre secret pour nous. Renaud s'est alors occupé de tout et m'a dit : ce n'est pas le moment de gâcher notre vie. J'ai remarqué que le bateau pneumatique de tes parents est sur la remorque dans le garage, mettons-la dedans et partons en mer… Je ne voulais pas la toucher. Renaud lui a remis son slip, l'a chargée sur son épaule pour la mettre dans le bateau. Il a accroché la remorque à la voiture de mes parents qui était équipée d'une attache. Il a fait un dernier tour pour vérifier qu'il ne restait rien qui puisse appartenir à Amélie. Il a ramassé ses deux chaussures qu'il a emportées avec lui. Il m'a tiré vers la voiture pour m'installer côté passager, a pris le volant et nous avons quitté la maison. Il parlait tout haut, tout seul, pour évoquer ce qu'il pensait sur la façon dont nous devions procéder, car je ne pouvais pas sortir le moindre mot. Il pensa d'abord se rendre à la Pointe de Trévignon à Trégunc, mais se ravisa aussitôt, jugeant que nous risquions d'être vus ou arrêtés, ne serait-ce que par un banal contrôle de gendarmerie. En quittant Le Rouz, nous nous sommes dit que le plus simple, pour ne pas être remarqués, serait encore de se diriger vers la petite plage de Porz Gwir, en contrebas de l'hôpital, que nous connaissions bien tous les deux. Nous sommes descendus sur la plage, il faisait très clair. En marche arrière avec la voiture, nous avons reculé la remorque vers l'eau pour faire glisser le bateau et je suis monté à bord. Puis Renaud a avancé la voiture et la remorque plus haut sur l'estran, avant de me rejoindre et nous avons pris la direction de la pointe du Cabellou. À cet instant, Renaud songeait encore à se rendre vers la pointe de Beg-Meil. C'est alors que nous avons pensé aux blockhaus du Cabellou et, au fait que, parfois, des marginaux venaient dans ces casemates. En la déposant là, ceci permettait de faire croire à une mauvaise rencontre. Nous faisions pas mal de plongée à l'époque, nous connaissions donc bien les lieux et nous avons gagné la petite crique située près de la pointe.

Son récit se poursuivait. Il occultait le fait qu'Amélie était morte, comme s'il voulait l'ignorer, n'évoquant que l'action entreprise par Renaud :

— Nous avons transporté le corps entre nous deux et l'avons déposé dans le plus grand des blockhaus, le plus fréquenté par des visiteurs de toutes sortes. Je me souviens même que, lorsque j'étais enfant, un couple de SDF y avait établi sa résidence principale. Celui-ci était bien connu de tous les habitants de la ville de par ses habitudes pittoresques… L'homme se déplaçait à vélo tractait sa compagne dans une remorque…

Laissant ses souvenirs… il revint à la réalité de la situation :

— Là, nous avons eu la surprise de découvrir dans la première pièce du blockhaus quelqu'un qui dormait sur un matelas. J'ai pris peur. Je suis ressorti. Renaud est intervenu, il a frappé violemment l'individu. Nous avons laissé Amélie sur le sol, avons jeté ses chaussures à côté et nous sommes rentrés précipitamment.

— Nous n'avons pas échangé un seul mot durant le retour. Nous n'avons remarqué personne durant ce périple et avons tout remis en place. Nous étions très nerveux et complètement affolés par ce qui venait d'arriver. Une seule chose comptait pour Renaud… sauver sa tête et sa situation.

— Pas vous ?

— J'étais dans le cirage. Mais je dois reconnaître que je le suivais. Je ne peux pas le nier. L'obsession de Renaud était de mettre au point un stratagème totalement verrouillé et de ne jamais en changer le moindre mot ni un seul détail. Il répétait sans cesse : « NE JAMAIS CHANGER UN MOT, TU M'AS BIEN COMPRIS ? JAMAIS ! QUOI QU'IL ARRIVE ! JURE-LE MOI ! C'est notre seule chance de nous en sortir, pense à tes parents, aux miens, à notre avenir, à nos carrières… » Ivre de douleur et de haine, je reconnaissais que, malgré tout le dégoût que j'éprouvais, il avait raison, c'était la seule solution. Les jours suivants nous ont confirmé que sa stratégie était la bonne… Il avait gagné… Nous avons, ensuite, toujours gardé nos distances, l'un par rapport à l'autre, ne nous appelant que lorsque cette affaire ressurgissait… Tout nous avait réussi… Jusqu'à aujourd'hui. Voilà, je viens de vous dire la stricte vérité et, par la même occasion, de libérer ma conscience. Vous pouvez confronter mes déclarations à celles de Renaud ou à celles de qui vous voudrez, sachez bien une chose, c'est ce qui s'est réellement passé ce soir-là. Tous ceux qui vous diront autre chose sont des menteurs ! Je n'ai plus jamais aimé une fille depuis ce soir-là comme j'avais aimé Amélie… Je ne l'ai pas tuée… même si j'ai été complice de l'odieux et macabre plan de Renaud. Je sais, j'aurais dû appeler la police, les pompiers et qui sais-je encore, pour raconter tout ce qui s'était passé, mais je ne l'ai pas fait…

Florian Conogan se tut et pleura doucement. Avec un certain soulagement, il signa ses déclarations. Ses larmes semblaient sincères.

Cependant, Phil comme François savaient qu'on ne peut juger les gens après leur témoignage sur un meurtre. On ne peut pas savoir réellement ce qu'ils pensent ou ce qu'ils ressentent. Ils ne le savent pas toujours eux-mêmes.

À cet instant, c'était exactement comme si les acteurs avaient salué le public et que le rideau venait de tomber sur la scène. La salle allait se vider… mais il n'était pas encore temps d'éteindre les lumières dans le théâtre.

Si l'intrigue de cette tragédie avait été reconstituée, les OPJ devaient encore recueillir les aveux de Renaud de Treyer avant d'envisager de tourner la page.

Phil et François étaient amers. Rien n'était pire que la lâcheté. La lâcheté était, à leurs yeux, le catalyseur de tout. Ils avaient menti par lâcheté… trahi par lâcheté.

Ils considéraient ces deux hommes comme des êtres cupides, obsédés par leur paraître, leur carrière et sans doute l'argent et le profit qu'ils en attendaient…

Et la vie d'une jeune fille qui ne demandait qu'à vivre pour servir son prochain de par le métier qu'elle avait choisi par vocation, passait après leurs égoïstes préoccupations.

Avant d'entendre Renaud, Phil et François, atterrés, fourbus et choqués, se rendirent au bureau du patron, appelant au passage Joël Le Traon à les suivre.

La version de Florian Conogan paraissait totalement crédible et aucun n'imaginait, à cet instant, qu'elle ait pu se dérouler différemment. Soudés par la dimension dramatique de cette affaire, ils approchaient de sa résolution.

Le regard du patron se montra même inhabituellement brillant.

Il appela le procureur. Tous mesuraient parfaitement que, dès que cette révélation serait connue du public, ce serait une grenade que l'on venait de dégoupiller : elle exploserait en créant des dommages collatéraux dont personne ne pouvait mesurer l'ampleur à cet instant…

Cette affaire mettrait sur le devant de la scène la justice avec l'erreur judiciaire, la police avec les négligences de l'enquête, les deux étudiants devenus des notables en toute impunité, face à l'innocent, condamné à tort… Autant de sujets qui feraient les choux gras des médias pour un certain temps.

Ils décidèrent de prendre un café ensemble avant de faire écouter la bande enregistrée à Renaud de Treyer.

La pression retombait déjà. L'ambiance entre eux n'était plus la même. Après toutes ces phases d'excitation puis de découragement, de montées d'adrénaline et d'abattement, tous sentaient s'opérer la décélération.

Ils évoquèrent Arnaud Kergloan, sa mère, sa grand-mère, Amélie, ses parents, ses amis : Brigitte, Fabien, Julien...

Tous défilaient dans leur esprit...

François repensa particulièrement à ce que lui avait dit la grand-mère d'Arnaud Kergloan, la première fois qu'il l'avait rencontrée, à la colère et la violence qui comblaient le vide laissé par la disparition de l'espoir. Il songea à ce vide qu'il sentait lui-même, en cet instant, et se demanda avec quoi il pourrait bien le combler.

Heureusement, comme dans toutes les enquêtes, arrivait l'heure de vérité, ce moment où les théories et les intuitions se transforment en preuves et en accusation faisant disparaître toutes les frustrations éprouvées jusque-là.

Le procureur arriva sur ces entrefaites et souhaita participer à l'audition de Renaud de Treyer. Ce dernier n'affichait plus la moindre arrogance. Son isolement en cellule avait dû le faire réfléchir. L'angoisse et l'inquiétude se lisaient sur son visage. Une fois qu'il fut installé, d'un ton glacial, le procureur lui annonça :

— Nous allons vous faire écouter les aveux de votre ami. Ensuite, votre garde à vue se transformera en mise en examen… que vous reconnaissiez ou non les déclarations que vous allez entendre.

Le docteur Renaud de Treyer leur jeta un regard où mépris et défi se mêlaient. Il y avait de la tension dans l'air et on s'acheminait vers le dénouement. Phil déclencha le magnétophone… Il ne fallut que quelques minutes pour que des larmes jaillissent des yeux de Renaud de Treyer. Il craqua rapidement et se mit à pleurer abondamment, il savait qu'il avait perdu, que, son plan infaillible avait tenu, mais qu'aujourd'hui, il ne pouvait plus rien faire pour contester la vérité… Chacun pressentait l'impression indéfinissable qu'il allait se passer quelque chose d'important. De Treyer approuva d'abord d'un signe de la tête, signifiant que les événements s'étaient bien déroulés de la sorte. Le procureur l'obligea à verbaliser son aveu.

Puis, il lui demanda aussi pourquoi il s'était comporté de la sorte avec cette jeune fille. Renaud avoua qu'il avait agi sous l'emprise d'une pulsion, vraisemblablement générée par l'alcool. Il était venu lui apporter un nouveau verre après le départ de Florian vers l'étage. Il l'avait trouvée là, allongée sur le lit, paisible, si jolie et elle lui était apparue, pour une fois, si abordable, voire provocante. Il avait eu si souvent envie d'elle quand il la croisait dans les services, mais elle lui paraissait inaccessible. Et là, la découvrant immobile, sans défense, il n'avait pas pu se retenir… Tout avait basculé dans la déraison.

Face à divers questionnements, il reconnut qu'elle s'était ressaisie lorsqu'elle avait constaté que ce n'était plus Florian qui était avec elle. Elle s'était débattue, tentant vainement de se dégager… Mais elle était devenue une proie si facile avec tout l'alcool qu'elle avait absorbé, et face à la force et à l'obsession de son agresseur.

Il se souvenait, en effet, qu'il avait bloqué son avant-bras sur sa gorge pour qu'elle ne crie pas afin de ne pas alerter Florian. Il n'avait pas réalisé qu'elle s'étouffait… Il n'avait pas réalisé qu'après l'avoir violée, il lui avait ôté la vie…

L'homme paraissait à présent presque pathétique, il avait l'air si lamentablement désemparé ! Il signa sa déclaration… Le procureur requit un mandat de dépôt à son encontre et ouvrit une information judiciaire.

Cette issue sordide laissait un goût amer de dégoût chez chacun des OPJ. Le qualificatif standard "d'horreur et d'indignation" leur paraissait un euphémisme.

Phil et François se remémorant le déroulement de l'enquête, étaient consternés par ce qui s'était passé durant l'enquête initiale… Sans parler d'ADN, si seulement et tout simplement, à l'époque, ils avaient analysé et comparé le whisky découvert dans le corps d'Amélie à celui de la bouteille d'Arnaud, ils auraient découvert qu'il ne s'agissait pas du même. Et déjà le doute était permis… Heureusement que les nouveaux moyens scientifiques venaient les aider dans leur travail, sinon, combien de fausses pistes seraient-ils encore amenés à suivre ?

# ÉPILOGUE

*Vendredi 26 septembre 2008.*

La folie médiatique se déclencha le soir même de la mise en examen des deux médecins. Dès lors, la vie devint intenable au commissariat. Les OPJ devaient à tout prix verrouiller toutes les informations avant d'annoncer aux intéressés, les premiers concernés, la réalité des faits. Ils ne disposaient que de la journée devant eux… Chacun pouvait déjà imaginer les gros titres de la presse, dès le lendemain !

Une cellule psychologique avait été constituée à la hâte. Elle avait la charge d'intervenir auprès d'Arnaud Kergloan, de sa mère, de sa grand-mère, mais aussi des parents d'Amélie. La vérité reconnue par la justice pendant vingt ans, venait d'être remise en cause. Le choc serait dur et éprouvant pour chaque intéressé !

De toutes les affaires menées par François et Phil, c'était celle dont ils se sortaient le plus fièrement. Ils savaient trop qu'ils ne pouvaient abolir le crime mais, au moins, le traquaient-ils sans répit. Le patron aussi se réjouissait du remarquable travail effectué par ses OPJ. Il était de tout cœur avec ses hommes qui étaient droits, déterminés et qui voulaient, non pas changer le monde, mais qu'il soit simplement un peu meilleur et un peu plus sûr.

Phil et François devaient rejoindre la cellule psychologique, à l'entrée de la prison de Brest, avant de rencontrer Arnaud Kergloan. En route, ils parlèrent sans arrêt de cette affaire, se demandant quelle serait l'attitude de l'intéressé. Et Phil, en plaisantant, cita un illustre Espagnol : « La réclusion améliore la condition humaine… Pour obtenir des hommes excellents, on les emprisonne d'ordinaire un certain temps ! » (Emilio Prados - 1899-1962). Cet individu aurait bien fait de venir commenter sa pensée à Arnaud, car il risquait fort de s'en souvenir…

L'équipe de la cellule psychologique se trouvait dans le bureau du directeur de la prison. Ce dernier ne se sentait pas très à l'aise face à Phil et François. Il leur bredouilla, sans les regarder en face, tout en leur serrant la main avec un sourire contrit, qu'ils avaient fait du bon boulot, et il passa tout de suite la parole au chef de l'équipe qui leur expliqua comment ils allaient intervenir.

Phil et François n'oubliaient pas l'incrédulité de cet homme quant à l'innocence d'Arnaud et la manière dont il le leur avait dit quelques semaines plus tôt dans son bureau.

Le chef de la cellule présenta son scénario selon lequel Phil et François devaient annoncer la nouvelle au détenu et, ensuite, lui signifier que les procédures administratives seraient encore lourdes. Dans l'immédiat, il ne bénéficierait que d'une suspension de peine, puis il appartiendrait à la commission de révision de siéger et l'annulation ne pourrait intervenir qu'après le jugement… Les psychologues prendraient aussitôt le relais.

Bien que connaissant les procédures, cela faisait mal à Phil et à François de ne pas pouvoir annoncer à Arnaud Kergloan qu'il était innocent, qu'il était libre, qu'il pouvait sortir… tout de suite !

Le groupe se dirigea, non pas vers le parloir habituel, mais vers une petite salle de réunion de l'établissement pénitentiaire, signe tout de même qu'il convenait d'accorder un minimum d'égards et de respect à ce prisonnier, devenu hors du commun, sans qu'il le sache encore. Quand ce dernier pénétra dans cette pièce, Phil et François vinrent naturellement lui serrer la main et le réconforter d'un sourire franc et cordial. Sa nervosité était palpable. Son visage trahissait une certaine inquiétude et surtout des interrogations face à cet aréopage qui se tenait devant lui et dont il ne comprenait pas la présence. Avec tout ce qu'il avait vécu, il ne pouvait que se montrer méfiant…

Tout le monde s'installa autour de la grande table. Arnaud regardait Phil désespérément, le suppliant du regard de lui dire ce qui se passait. Le directeur de la prison et le chef de la cellule lui firent signe de lui annoncer la nouvelle. Ce que sut faire Phil avec son habileté habituelle. Un grand silence s'installa. Tous les yeux étaient braqués sur Arnaud qui ne bougeait pas. Il venait d'apprendre la nouvelle mais il ne réagissait pas, sous le choc. Il regarda Phil et François, comme désemparé. L'instant était poignant, chacun des hommes présents sentait des larmes lui venir aux yeux, mais se retenait et restait concentré face à cet homme… qui venait d'apprendre quelque chose de bouleversant.

Le chef de la cellule psychologique se présenta alors. Les lèvres d'Arnaud se mirent à trembler… Il résistait encore à toute la pression, presque désespérément. Mais, plus pour très longtemps. Il sentit monter en lui un cri immense, un cri venu, comme une lame de fond, du plus profond de son être, un cri primal. Mais ce cri resta muet et des larmes le noyèrent.

Dans les secondes qui suivirent, le physique dépassa le mental, il craqua complètement et se laissa aller dans un flot de larmes qu'il ne pouvait plus contenir. Le psychologue intervint alors pour lui demander d'extérioriser ce qu'il ressentait. Ils apprirent ainsi par bribes, entre les sanglots, qu'à cet instant, il pleurait non pas parce qu'il avait été innocenté, car innocent, « ça, il savait qu'il l'était », dit-il, mais, à cause de ce qu'il avait envisagé de faire en sortant de prison.

Les personnes présentes ignoraient ce que cela signifiait. La peur remontait dans sa gorge, étreignant ses mots. Arnaud finit par expliquer qu'il pleurait, en fait, à l'idée que son intention était de tuer un, voire deux… “innocents”, en sortant de prison. Il avait passé vingt ans en cellule en se disant que la seule chose qui le soulagerait de cette erreur judiciaire, c'était de se faire justice lui-même en tuant Jacques Le Questel et David Minven qu'il avait toujours considérés comme ses agresseurs et ceux d'Amélie, la nuit du drame…

Pour le psychologue, cette situation ne fut pas une surprise, le besoin de vengeance étant si facile à confondre avec l'impératif de la justice, il opérait toujours. Arnaud voulait condamner quelqu'un, puisque lui-même était innocent…

Phil et François vinrent s'asseoir à ses côtés et lui parlèrent doucement de la justice, de l'erreur humaine, toujours possible pour chacun d'entre nous. Tout le monde pouvait se tromper mais les conséquences n'étaient pas toujours les mêmes… Une erreur pouvait se réparer, du moins partiellement… Il fallait aussi apprendre à pardonner. Mais, il était malheureusement souvent plus facile de l'expliquer aux autres que de le comprendre soi-même. François se réserva la conclusion :

— Voilà, nous venons d'échanger nos courbatures à l'âme. Je ne me sens pas vraiment mieux encore, pour l'instant, mais je crois qu'à présent, les choses doivent devenir supportables. Il faut bien savoir, et c'est vrai pour chacun d'entre nous, qu'on est “con quand on est seul", et surtout qu'on est faible. Mais nous sommes bien plus forts quand nous nous battons pour quelqu'un ou quelque chose…

L'émotion était à son comble. Après les dernières paroles de François, une fois de plus, Arnaud montra son caractère humain et profond, la pureté de ses sentiments. Avec un regard empli d'une grande tristesse mais aussi d'une grande sagesse, il évoqua alors ses pensées pour sa grand-mère et aussi pour sa mère qu'il accepterait désormais de revoir et qu'il aiderait à s'en sortir. Il n'exprima, à aucun moment, aucun désir de vengeance vis-à-vis de la justice, de la police et du régime pénitentiaire. Ce moment n'était pas encore venu… De même que pour les indemnités compensatrices dues pour cette erreur judiciaire. D'autres choses, plus intimes, lui importaient davantage dans l'immédiat. Avant de se séparer, il lança à Phil et François, un regard dans lequel transparaissait sa gratitude.

Phil et François quittèrent les lieux, laissant Arnaud entre les mains des psys. Ils avaient rendez-vous au domicile de la grand-mère à Quimper. La mère et Jean Kérustum, le représentant de l'association, devaient la rejoindre. La grande maison de caractère se situait dans un quartier ancien qui respirait la tranquillité bourgeoise. Une femme, la psychologue, les attendait sur le trottoir et vint au-devant d'eux lorsqu'ils sortirent de voiture. Ils s'expliquèrent brièvement sur ce qui venait de se dérouler à la prison de Brest et la position d'Arnaud vis-à-vis de sa grand-mère, mais surtout de sa mère, afin que la psychologue intègre cette donnée dans les entretiens qu'elle allait avoir avec les deux femmes.

Rien n'avait dû filtrer jusqu'à eux car les deux femmes et Jean Kérustum paraissaient inquiets, comme si on venait, une nouvelle fois, leur annoncer que la police avait tout tenté, sans succès. Cette fois, ce fut au tour de François d'intervenir car il avait été le premier interlocuteur de la grand-mère. Il commença par les féliciter pour le courage qu'elles avaient eu, leur volonté, leur ténacité, puis, leur annonça la bonne nouvelle.

Ils restèrent figés quelques secondes seulement, le temps de réaliser. Ensuite, ce furent les embrassades spontanées, la joie, l'allégresse ; la grand-mère répétait sans cesse que c'était mieux que d'avoir gagné au Loto ! Cette dernière serra François longuement dans ses bras comme s'il était un prisonnier de guerre rentrant chez lui après de longues années d'emprisonnement. La plus secouée, ce fut la mère. Ses yeux s'agrandirent, se transformant en deux abîmes insondables. Elle devint si pâle qu'on l'aurait crue au bord de l'évanouissement.

Jamais Phil ni François n'avaient ressenti un tel bonheur d'avoir accompli leur travail, rien que leur travail. Une bouteille de champagne apparut, le bruit sec du bouchon résonna dans la pièce… Des verres… Des rires… La joie explosait de façon démesurée. À cet instant, ils auraient voulu pousser des cris d'exaltation et de triomphe, afin que le monde entier le sût. Mais la raison leur demandait en même temps d'attendre et de penser au retour d'Arnaud et lui seul apprécierait ce qu'il y aurait lieu de faire. L'expression de la maman d'Arnaud se transforma de façon radicale. Au moment de se séparer, elle affichait même un large sourire espiègle, à moins que ce ne soit un sourire qui se voulait plein d'indulgence et de compréhension et où se mélangeaient tristesse, souffrance, espoir aussi. Mais elle ne dit rien.

Il restait à Phil et à François à se rendre chez les parents d'Amélie. Ils repassèrent au commissariat de Quimper pour rendre compte au patron et à Joël Le Traon. Ils avalèrent un casse-croûte rapidement. Ils prenaient un café quand le psychologue missionné arriva. Le temps de lui commenter la situation et ils prirent la direction de Carhaix-Plouguer. Il les suivit dans sa voiture. Pour une fois, le temps était incertain et il menaçait même de pleuvoir ; de lourds nuages noirs s'amoncelaient en provenance de la mer et, tout au long du trajet, le ciel ne fut qu'un tapis de cendre.

À la joie du matin succédèrent les pleurs et la peine, une nouvelle fois remuée, chez le couple d'agriculteurs. L'homme, assis à la grande table de la cuisine, et la femme, debout derrière lui, ils écoutèrent religieusement les propos de François. Après de longs échanges, les yeux de l'homme se brouillèrent d'un voile de larmes. Il n'était plus que désespoir et accablement. Il pleurait, doucement, sans bruit, comme pour se cacher de cette faiblesse, pensèrent les OPJ.

Sa femme, qui se tenait toujours immobile derrière lui, lui posa une main sur son épaule. Elle ne s'était pas exprimée jusque-là. Elle leva le regard vers les deux OPJ et avoua que son mari avait envisagé de faire "une bêtise". Il avait sorti son fusil de chasse et se préparait… le jour où le cafard serait trop fort, la peine trop lourde à porter, à aller au-devant de celui qui lui avait volé sa fille unique et avait été condamné. Lorsque celui-ci serait sorti de prison, il lui aurait demandé d'expliquer ce qu'il avait fait et pourquoi… puis il l'aurait abattu.

Après, qu'aurait-il fait d'autre ? Dieu seul le savait… c'était une question d'honneur. On peut tuer pour l'honneur. L'honneur est essentiel pour vivre. « L'honneur des survivants », rajouta la femme en pleurs. Puis, après une certaine hésitation, elle formula un vœu :

— Je ne voudrais pas que tous les détails de cette affaire soient livrés en pâture à une certaine presse, je ne parle pas des quotidiens régionaux, mais d'une certaine presse spécialisée…

Les OPJ approuvèrent de la tête. Ils espéraient, à présent, que ses larmes feraient disparaître toute cette haine. Plus que très fort par la tension qu'il suscitait, le moment était particulier pour Phil et François de par sa dimension dramatique. Ils ne pouvaient dire un mot de plus, enveloppés par le silence des lieux, ils n'avaient rien d'autre à ajouter. Le couple se trouvait là, loin de tout, sauf de leur peine…

François et Phil sortirent de la grande maison de la ferme. Ils se retournèrent… D'un ciel d'une noirceur sans faille, la pluie commençait à tomber après cette quinzaine ensoleillée. En s'asseyant dans leur voiture, ils éprouvèrent tous les deux comme un grand vide, ils savaient que cette nuit, ils dormiraient profondément du sommeil du juste. En quittant la ferme, Phil remarqua dans le rétroviseur le fameux border collie qui saluait leur départ, il courut quelques dizaines de mètres derrière la voiture, sans aboyer, s'arrêta et s'immobilisa jusqu'au moment où la voiture disparut.

Ils pensèrent à Brigitte Kérose. Quand elle apprendrait la nouvelle, pour elle, le présent se réconcilierait avec le passé. Ils savaient, dès lors, qu'elle pourrait se rendre, de l'autre côté de la baie qu'elle voyait chaque matin de chez elle, pour fouler la pointe du Cabellou et sans doute, apporterait-elle avec elle, lors de sa première visite, une rose ou quelques fleurs d'un jardin comme celles qui se trouvaient en vase lorsqu'ils étaient venus chez elle…

Remarquant la direction "Poullaouen" et, plus loin, celle de "Rosporden", ils évoquèrent Julien Le Stang et Fabien Guilers. Julien pourrait aussi désormais faire son deuil de cette affaire, même si elle allait revenir sur le devant de la scène dans les jours à venir et remuer bien des souvenirs. Après, il faudrait oublier, même si, comme le disait si bien le grand Jacques Brel : « On n'oublie rien du tout, on s'habitue, c'est tout ».

Jamais, dans une affaire, ils n'avaient ressenti une telle impression ni éprouvé une aussi grande satisfaction. Le résultat avait été au-delà même de leurs espéranccs. Ce dossier visait un double objectif : arrêter le ou les vrais coupables et innocenter un homme condamné à tort… Bien sûr, à la suite des rendez-vous de la journée, de nombreuses questions se bousculaient… Que serait-il arrivé après la libération d'Arnaud ? Mais, heureusement, désormais, chacun connaissait la réalité des faits et l'affaire était bouclée.

Cette enquête les confortait dans leur fierté d'être OPJ, ils ne l'avaient jamais ressentie à ce point jusqu'à ce jour et cette satisfaction déteignait sur toutes les choses alentour, leur procurant une joie immense. L'heure était venue de tourner la page… Pour la première fois, ils le firent avec une certaine mélancolie, mais ça, ils savaient le faire. Une seule chose comptait, rejoindre leur famille et y retrouver une sérénité à l'opposé de l'univers qu'ils venaient de quitter, même s'ils savaient que, sans tarder, une nouvelle affaire les y replongerait. Mais, à chaque jour suffisait sa peine…

Comme tous les hommes qui approchent de la cinquantaine, François devait se demander si sa vie professionnelle avait répondu à ses espérances. Il aurait voulu répondre oui. Il prétendait pouvoir se regarder dans un miroir et se dire qu'il se considérait comme un bon flic… Tous deux étaient perdus dans leurs pensées. Des pensées chaotiques. Mais ils devaient pourtant penser à peu près à la même chose tous les deux, car sur plusieurs dizaines de kilomètres, ils ne prononcèrent pas le moindre mot et laissèrent leur esprit vagabonder.

Avant d'arriver à Quimper, François demanda simplement à Phil, comme si cette affaire était déjà rangée à tout jamais et que la réalité du quotidien devait reprendre toute sa place, d'autant que le week-end était là et qu'ils voulaient en profiter librement :

— Gwen et Clémence, comment vont-elles ?

— Merveilleusement bien… Ce n'est que du bonheur…

FIN

Quadri Signe - Editions Alain Bargain
125, Vieille Route de Rosporden - 29000 Quimper
E-mail : editions.alain.bargain@orange.fr
Site Internet : http://pagesperso-orange.fr/editions.bargain

ÉDITEURS DE BRETAGNE

Dépôt légal n°11 - 2e trimestre 2009
ISBN 978-2-35550-043-5 — ISSN 1281-7813
N° d'impression : 904197
*Imprimé en France*